Jürgen Reinhardt / Wilhelm Ritz /
Alfred Schuhmann / Reinhold Stirzel

Bergwanderungen in der Rhön

50 ausgewählte Wanderungen und Spaziergänge
rund um Fulda, Hünfeld, Bad Salzungen, Meiningen, Bad Brückenau

Mit 69 Farbfotos und
50 topographischen Wanderkärtchen
im Maßstab 1: 50 000 und 1: 100 000

BERGVERLAG RUDOLF ROTHER GMBH • MÜNCHEN

Umschlagbild:
Das Rote Moor bei Gersfeld.

Bild gegenüber dem Titel (Seite 2):
Schloß Holzberghof bei Bischofsheim.

Alle Fotos von Jürgen Reinhardt und Reinhold Stirzel,
ausgenommen Abbildung S. 115 (Heribert Kramm)

Kartographie:
Wanderkärtchen im Maßstab 1: 50 000 und 1: 100 000
© Bayerisches Landesvermessungsamt, München,
Genehmigung Nr. 8076/93 (Kartengrundlage: Umgebungskarte 1: 50 000,
UK L14 »Naturpark Rhön, Südblatt« bzw. »Naturpark Rhön, Nordblatt«
bzw. Topographische Karte 1: 100 000, Blatt C 5922);
© Hessisches Landesvermessungsamt, Wiesbaden, Genehmigung
Nr. 93-1-258 (Kartengrundlage: Topographische Karten 1: 50 000
L 5324 und L 5524 sowie Topographische Karte 1: 100 000 C 5522);
© Landesvermessungsamt Thüringen, Erfurt, Genehmigung
Nr. 003212/93 vom 28.10.93 (Kartengrundlage: Topographische Karten
1: 50 000 und Topograhische Karten 1: 100 000)
Übersichtskärtchen im Maßstab 1: 500 000 / 1: 1 000 000
© Institut für Geodäsie, Frankfurt am Main, Genehmigung Nr. 40/93 vom
17.08.93 (Kartengrundlage: Blatt Südwest 1: 500 000 und Karte der
Bundesrepublik Deutschland 1: 1 000 000)

Die Ausarbeitung aller in diesem Führer beschriebenen Wanderungen
erfolgte nach bestem Wissen und Gewissen der Autoren.
Die Benützung dieses Führers geschieht auf eigenes Risiko.
Soweit gesetzlich zulässig, wird eine Haftung für etwaige Unfälle
und Schäden jeder Art aus keinem Rechtsgrund übernommen.

3. Auflage 1999

ISBN 3-7633-4182-X

in Zusammenarbeit mit
Verlag Parzeller GmbH & Co. KG Fulda
ISBN 3-7900-0224-0

Vorwort

Die Rhön, durch den Fall der innerdeutschen Grenze von einer Randlage ins Herz der Bundesrepublik Deutschland gerückt, ist Ziel vieler Wanderer und Autotouristen aus allen Landen geworden. Besucher aus Ost und West wollen die Schönheit dieser herben Mittelgebirgslandschaft genießen. Nicht nur die größeren Städte und Dörfer sowie die weltbekannten Badeorte sind Ziel vieler Reisenden, sondern auch die Berge der Kuppenrhön und die Mattenflächen der Hochrhön. Von fast allen Erhebungen geht der Blick weit ins Land, um immer wieder neue und besondere Dinge zu entdecken. Deshalb spricht man oft vom »Land der offenen Fernen«.

Dieses Mittelgebirge erstreckt sich von der Kalistadt Vacha im Norden bis nach Hammelburg im Süden. Im Westen bildet die Fulda die Grenze, und im Norden und Osten umfließt die Werra das Gebirge. Die Verbindung Vacha – Hammelburg beträgt etwa 90 Kilometer, die West-Ost-Achse Fulda – Meiningen umgefähr 60 Kilometer. Mit 3300 Quadratkilometern bedeckt die Rhön eine beachtliche Fläche. Über 5000 Kilometer markierte Wanderwege werden ehrenamtlich von über 100 Wegewarten des Rhönklubs betreut.

Bei den drei Mitautoren dieses Rhönführers – Wilhelm Ritz, Alfred Schuhmann und Reinhold Stirzel – handelt es ich um alte, erfahrene Rhönkenner, die jede Wanderung abgeschritten haben, um sie hier niederzuschreiben. Möge der Wanderführer allen Benutzern und Freunden der Rhön ein wertvoller Ratgeber und Begleiter werden, um die Liebe zu den deutschen Mittelgebirgen zu wecken und zu fördern.

Fulda, im Frühjahr 1999 — Jürgen Reinhardt

Inhaltsverzeichnis

Abkürzungen

bez.	=	bezeichnet, markiert
ehem.	=	ehemalige (DDR)
ev.	=	evangelisch
ganzj.	=	ganzjährig
Ghf.	=	Gasthof
ha	=	Hektar
hl.	=	heilige(r)
Jh.	=	Jahrhundert
kath.	=	katholisch
Kfz	=	Kraftfahrzeug
L	=	Lager, Matratzenlager
ND	=	Naturdenkmal
NSG	=	Naturschutzgebiet
orogr.	=	orographisch, talabwärts gesehen
P	=	Punkt der Landkarte, Höhenkote
Pkw	=	Personenkraftwagen
top.	=	topographisch
trig.	=	trigonometrisch
unbew.	=	unbewirtschaftet
unbez.	=	unbezeichnet, unmarkiert
Var.	=	Variante

Touristische Hinweise

Zum Gebrauch des Führers

Das Inhaltsverzeichnis informiert über den Aufbau des Buches und gibt einen Überblick über alle (nachstehend geordneten) Wanderwege. Nach den touristischen Hinweisen werden im Abschnitt »Wissenswertes« Sehenswürdigkeiten und Ausflüge sowie Gelegenheiten zu Sport und Unterhaltung angeführt. Jeder Tourenvorschlag enthält neben dem stichwortartigen Routenverlauf und einer Kurzcharakteristik wichtige Informationen in Form eines »Steckbriefes«, in dem unter anderem die Gehzeiten und die Höhendifferenzen festgehalten sind. Ihm folgt die Wegbeschreibung, die durch eine mehrfarbige Wanderkarte mit eingezeichneter Route und ein Farbbild ergänzt wird. Wichtiger Bestandteil des Führers ist das Stichwortverzeichnis am Schluß. Hier sind alle behandelten Berge, Talorte, Ausgangspunkte, Stützpunkte und Tourenziele angeführt. Zusammen mit der Übersichtskarte (auf dem rückwärtigen Umschlag), aus der die Lage der einzelnen Tourenvorschläge ersichtlich ist, erleichtert es die Tourenauswahl erheblich.

Silberdisteln, ein Wahrzeichen der Rhön.

Der Dom zu Fulda.

Ausrüstung
Feste Schuhe mit Profilgummisohle, zweckmäßige Bekleidung sowie Rucksack mit Pullover, Regenschutz, Anorak und kleinerem Tourenproviant (Wasserflasche!) sind Voraussetzung.

Karten
Die den einzelnen Wandervorschlägen beigegebenen mehrfarbigen Wanderkärtchen im Maßstab 1: 50 000 bzw. 1: 100 000 mit Routeneintragungen sind ein wesentlicher Bestandteil des Führers. Mit ihnen erübrigt sich die Mitnahme anderer Wander- und Spezialkarten.

Gehzeiten
Die Zeitangaben sind zwar reichlich bemessen, enthalten jedoch nur die reine Gehzeit. Es werden Anstiegs-, Abstiegs- und Gesamtgehzeit vermerkt, bei Rundwanderungen oder längeren Touren auch die Zeiten für einzelne Etappen.

Schutzhütten, Gaststätten, Restaurants
Im Steckbrief findet man unter dem Stichwort »Einkehrmöglichkeiten« alle an einer Wanderroute gelegenen, zur Sommerzeit geöffneten Stützpunkte. – Nächtigungsmöglichkeit und Bewirtschaftungszeit werden hier angeführt.

Wandern in der Rhön

Der Rhönklub betreut im gesamten Rhöngebirge ein Wanderwegenetz von ungefähr 5000 Kilometern. Die Wegewarte von 92 Zweigvereinen überprüfen und erneuern regelmäßig in ehrenamtlicher Tätigkeit die Wege und die entsprechenden Wanderzeichen. Seit 1928 gelten für die gesamte Rhön einheitliche Markierungen. Alle Zeichen haben sich aus dem Dreieck entwickelt. Die Spitze zeigt immer zum Endpunkt eines beschriebenen Weges. Folgende Symbole trifft der Rhönwanderer an: Winkel, offenes Dreieck, volles Dreieck, offenes Ei (Tropfen), volles Ei (Tropfen). Diese Zeichen werden auf einem weißen quadratischen Spiegel angebracht. Die Farben der Symbole richten sich nach den einzelnen Gauen: schwarz für den Fulda-Gau, gelb für den Sinn-Gau, blau für den Saale-Gau, grün für den Ulster- und Werra-Gau. Markierte Wanderwege, die eine Gaugrenze überschreiten, werden weiter in der Ausgangsfarbe markiert, d.h. eine Wegemarkierung kann nicht verschiedene Farben aufweisen. Die Markierungsfarbe Rot wird nur für Hauptwanderwege benutzt. Alle Hauptwanderwege, die von Westen nach Osten (HWO) verlaufen, sind einheitlich mit einem roten vollen Dreieck gekennzeichnet.

Folgende HWOs sind markiert:

HWO 1 von Neukirchen (Haunetal) nach Wernshausen mit 67 km Länge
HWO 2 von Schlitz nach Wasungen mit 82 km Länge
HWO 3 von Giesel nach Ritschenhausen mit 97 km Länge
HWO 4 von Fulda nach Meiningen mit 81 km Länge
HWO 5 von Neuhof nach Ostheim mit 62 km Länge
HWO 6 von Elm nach Mellrichstadt mit 80 km Länge
HWO 7 von Sterbfritz nach Bad Königshofen mit 96 km Länge

Zusätzlich verlaufen noch zwei Hauptwanderwege von Süden nach Norden, und zwar der Rhönhöhenweg (RHW) von Burgsinn nach Bad Salzungen mit einer Länge von 137 km (Markierung: rotes offenes Ei) und der Main-Werra-Weg (Hauptwanderweg Süd-Nord = HSN), der sich von Gemünden am Main bis nach Vacha an der Werra (ab Tann eine Westroute und eine Ostroute) mit einer Länge von 176 km (Westroute) bzw. 168 km (Ostroute) dahinzieht (Markierung: roter Winkel). Ein neuangelegter Hauptwanderweg zieht sich von Norden nach Süden. Unter der Bezeichnung »Abtsweg« verbindet er Fulda mit Hammelburg (Markierung: rotes volles Ei bzw. Tropfen). Der Geisweg, ein Hauptwanderweg im Herzen der Rhön, ist mit einem roten offenen Dreieck gekennzeichnet und geht von Geisa auf die Milseburg. Wanderwege, die einem Flußlauf von der Quelle bis zur Mündung folgen, tragen als Markierung den Anfangsbuchstaben des Flusses in blauer Farbe (F = Fuldaweg, H = Hauneweg und U = Ulsterweg).

Zwei Europäische Fernwanderwege durchziehen außerdem noch das Rhöngebirge: der Europäische Fernwanderweg Nr. 3 (Atlantik – Ardennen –

Wegweiser auf dem Stirnberg.

Böhmerwald) und der Europäische Fernwanderweg Nr. 6 (Ostsee – Wachau – Adria). Beide Wege sind mit der internationalen Markierung, dem blauen Andreaskreuz und mit E 3 bzw. E 6, gekennzeichnet.

Bei einigen Wanderwegen besteht die Möglichkeit, einen Wanderpaß mit entsprechendem Wanderabzeichen zu erwerben. Informationen hierüber erteilt die Rhönklub-Geschäftsstelle.

Sollte ein Wanderer erhebliche Mängel an der Wegemarkierung feststellen, wird er gebeten, diese der Rhönklub-Geschäftsstelle mitzuteilen, damit fehlende oder unleserliche Zeichen erneuert werden können (Rhönklub Hauptvorstand, Peterstor 7, 36037 Fulda).

Wissenswertes von A bis Z

Die größeren Orte und ihre Sehenswürdigkeiten

Bad Bocklet: Seit 1766 Heilbad mit Stahlquelle, kath. Pfarrkirche mit spätgotischem Westturm, neue kath. Kirche aus den 50er Jahren, Fürstenbau von 1766.

Bad Brückenau: Ursprünglich Sommersitz der Fuldaer Fürstäbte, durch König Ludwig I. von Bayern stark gefördert, kath. Pfarrkiche, Stadtpfarrkirche, ev. Kirche im Staatsbad, teilweise alte Stadtbefestigung, Museum.

Bad Kissingen: Kuranlagen, Kurtheater, Saline, alte Pfarrkirche, neue kath. Pfarrkirche, Friedhofskirche mit Chor aus dem 15. und Langhaus aus dem 18. Jahrhundert, russisch-orthodoxe Kirche von 1897, altes und neues Rathaus, Teilstücke der Stadtbefestigung, Museum, in der Nähe Burgruine Bodenlauben.

Bad Neustadt an der Saale: Kath. Pfarrkirche (klassizistischer Bau), ehemaliges Karmeliten-Kloster (Klosterbau heute Amtsgericht) von 1352, zwei Bogenbrücken aus dem 16. Jh., Schloß und Schloßkirche, fast vollständig erhaltener Doppelmauerring, in der Nähe die Salzburg (große Burganlage).

Bad Salzungen: Klassizistische Stadtkirche, Gradieranlage, Rathaus, Burg, zwei weitere alte Kirchen, Burgsee mit Uferpromenade und Kurhaus.

Bischofsheim: Holzschnitzerschule, nachgotische Stadtkirche, romanischer Zentturm, Marktplatz mit zwei alten Brunnen aus Gußeisenplatten, fast vollständig erhaltene Stadtmauer.

Das Rote Schloß von Hammelburg.

Blick auf das Rhönstädtchen Fladungen.

Dermbach: Barocke Pfarrkirche, alte ev. Kirche, Schloß, Heimatmuseum.

Fladungen: Rhönmuseum und Fränkisches Freiland Museum (FFM), Pfarrkirche mit gotischem Chorturm, Zent-Schloß, Stadt- und Kirchhofsbefestigung mit fünf Türmen und Wall-Grabensystem.

Fulda: Barockstadt mit fast vollständiger barocker Innenstadt, teilweise erhaltene Stadtmauer, ältestes Stadttor Deutschlands, Michaelskirche (teilweise aus der Karolingerzeit), Dom mit Grab des Heiligen Bonifatius, barocke Stadtpfarrkirche, Bonifatiusdenkmal aus dem 19. Jh., Stadtschloß mit Orangerie, bedeutende Bibliothek mit alten Handschriften (Landesbibliothek), osthessisches Verwaltungszentrum, Tagungsort der Deutschen Bischofskonferenz und des Evangelischen Kirchentags. Theologisch-Philosophische Hochschule, in der Nähe Petersberg und Neuenberg mit karolingisch-romanischen Fresken.

Geisa: Spätgotische Stadtkirche um 1500, alte Friedhofskapelle auf dem Gangolfiberg mit Außenkanzel, alter Gerichtsplatz (Zentgericht), Schloß, Amtshaus, zum großen Teil erhaltene Stadtmauer, Museum.

Gersfeld: Gründungsort des Rhönklubs (1876), Schloß mit Barockgarten, ev. Pfarrkirche, kath. Kirche.

Hammelburg: Spätgotische Pfarrkirche, Steintalkapelle, Rotes Schloß (Bauherr Galasini), Rathaus aus dem 16. Jh., Renaissance-Marktbrunnen, Stadtbefestigung, Museum, Kloster Altstadt (vermutlich ursprüngliche Siedlung Hammelburg), in der Nähe Schloß Saaleck (ehem. fuldische Amtsburg).

Schloß Bieberstein, einst Jagdschloß der Fuldaer Fürstäbte.

Hünfeld: Größerer Ort nördlich von Fulda, früher selbständige Kreisstadt, kath. Pfarrkirche, Oblatenkloster, Freizeitanlage Haselgrund.

Kaltennordheim: Alter Amtssitz, Schloß und Torhaus von 1754, Amtshaus auf den Mauern der alten Merlinsburg.

Meiningen: Elisabethenburg, engl. Garten, neugotische Stadtkirche, bekanntes Theater, Baumbachhaus, Reste der Stadtbefestigung, Museen.

Mellrichstadt: Kath. Pfarrkirche, Spitalkapelle von 1356, weitere Kapellen, Schloß mit Amtskellerei, Salzhaus (heute Sitz des Museums), fast vollständig erhaltene Stadtbefestigung.

Münnerstadt: Kath. Pfarrkirche mit Riemenschneider-Altar von 1492 und Bildtafeln von Veit Stoß, Klosterkirche und -gebäude, Deutschordenskomturei mit Hennebergmuseum, Zenthof.

Ostheim: Fast quadratische Kirchenburg (gilt als größte Bauernburg Deutschlands) mit Wehrfriedhof, ev. Pfarrkirche (in der Kirchenburg), Rathaus, verschiedene Adelshöfe, Museum, alte Brücke über die Streu, teilweise erhaltene Stadtbefestigung, in der Nähe die Lichtenburg.

Rasdorf: Größter Dorfanger Hessens, Stiftskirche mit romanischen Stilelementen, Wehrfriedhof, in der Nähe Wallfahrtskirche Gehilfersberg.

Tann: Älteste Ansiedlung im Ulstertal, drei Schlösser (rotes, gelbes, blaues), Stadttor von 1557 mit zwei flankierenden Rundtürmen, neugotische Stadtkirche, verschiedene alte Brunnen, Elf-Apostel-Haus, Freilichtmuseum mit Rhöner Bauernhäusern.

Vacha: Stadtkirche aus dem 19. Jh. mit romanischem Säulenportal, Klosterkirche (heute Friedhofskapelle), alte Werrabrücke, Ratskeller mit Fachwerk-Obergeschoß, Stadtburg und Stadtbefestigung.

Museen in der Rhön

Den Rhönbesucher erwarten 36 Museen. Viele dieser Sammlungen sind reine Volkskundemuseen; die bäuerliche Lebens- und Arbeitswelt wird dem heutigen Besucher vor Augen geführt. Neben diesen gibt es natürlich noch verschiedene Spezialmuseen, zum Beispiel das **Schulmuseum** in Aschach. Hier wird anschaulich das Leben und Arbeiten in einer Dorfschule zwischen den Jahren 1860 und etwa 1960 deutlich gemacht. Schulgarten, Schulsaal und Lehrmittelzimmer runden die Ausstellung ab. Mit der Vor- und Frühgeschichte des östlichen Unterfrankens beschäftigt sich das **Vorgeschichtsmuseum** in Bad Königshofen. Wer über Wein, Weinanbau, Weingeschichte und Brot etwas erfahren möchte, sollte seine Schritte nach Hammelburg in das **Stadtmuseum Herrenmühle** richten. Anschaulich werden Dokumente des Weinbaus und seiner Geschichte präsentiert. Auch dem Brot und allem, was damit zusammenhängt (vom Korn bis zum fertigen Brot), wird in dieser Sammlung Aufmerksamkeit geschenkt. In **Schloß Fasanerie** bei Eichenzell kommen die Freunde edlen Porzellans auf ihre Kosten. Das **Deutsche Feuerwehrmuseum** in Fulda zeigt neben historischen und neuen Feuerlöschgeräten und Feuerwehruniformen die Geschichte des Brandschutzes in Deutschland in einer ständigen Ausstellung. Wer hoch hinaus möchte, sollte unbedingt die Wasserkuppe besuchen. Nicht nur weil dieser Berg die höchste Erhebung Hessens und der gesamten Rhön ist, sondern weil sich dort das **Deutsche Segelflugmuseum** befindet. Neben verschiedenen ausgestellten Segelflugzeugtypen wird auch die Geschichte des Segelflugs in Deutschland dokumentiert. In Tann und Fladungen laden **Freilandmuseen** zu einem Blick in bäuerliche Vergangenheit ein.

Blick in den alten Ortskern von Bischofsheim.

1 Von Rasdorf zum Stallberg

Wandern im »Hessischen Kegelspiel«

Dorfanger Rasdorf – Gehilfersberg, 456 m – Morsberg, 466 m – Stallberg, 553 m – Hübelsberg, 479 m – Wüstung Bingarten – Rasdorf

Ausgangspunkt: Dorfanger von Rasdorf, Anfahrt mit Pkw von Hünfeld über die B 84 nach Rasdorf.
Parkmöglichkeit: Im Ort (Dorfanger).
Gehzeit: 4½ – 5 Std. Rundwanderung.
Höhenunterschied: Ca. 140 m.
Anforderungen: Feld- und Forstwege.
Einkehrmöglichkeiten: Gaststätten in Rasdorf.
Sehenswertes: Stiftskirche, Dorfanger (einer der größten in Hessen) und Wehrfriedhof in Rasdorf, Ringwallanlage auf dem Stallberg und Hügelgräber am Fuß des Stallbergs.

Der Dorfanger von **Rasdorf** ist Ausgangspunkt unserer Wanderung. Wir verlassen den Ort in nordwestlicher Richtung und gehen den Wallfahrtsweg bis zum **Gehilfersberg**, der von einer Kapelle bekrönt wird. Rings um die Kirche zieht sich ein Kreuzweg aus dem 18. Jahrhundert entlang. Vom Berg steigen wir den gleichen Weg ab, den wir aufwärts gekommen sind. Am Waldrand halten wir uns rechts und gehen etwa nach 300 Meter den zweiten Wiesenpfad links hinunter bis zu einer Gebüschreihe. Hier links weiter bis zur *L 3170*. Wir zweigen rechts ab und laufen etwa 200 Meter die Landstraße entlang. Ein *ausgefülltes rotes Dreieck* ist ab jetzt unsere Wegmarkierung. Unser Weg führt nun nach links, und wir gelangen nach kurzer Zeit an eine Kreuzung. Wir wählen den Weg, der halbrechts geradeaus führt und folgen

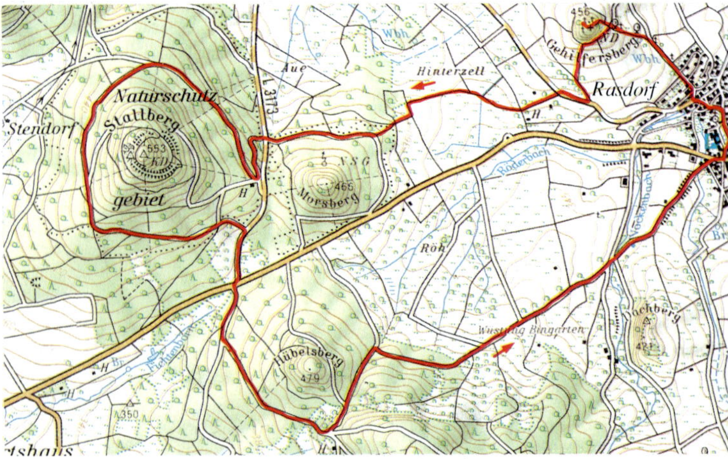

Weit reicht der Blick in das »Hessische Kegelspiel«, die nördlichen Berge der Rhön.

dem planierten Weg etwa 1 km bis zu einem Schotterweg. Die Markierung führt uns in das **NSG Morsberg**. Eine Besteigung des Gipfes ist nicht empfehlenswert – stattdessen wandern wir an seinem Fuß durch den Wald, bis die *L 3173* rechtwinklig unseren Pfad kreuzt. Diese Straße wird überquert – nun befinden wir uns im **NSG Stallberg** mit seinem vorgeschichtlichen Ringwall und seinen bronzezeitlichen Hügelgräbern. Auf befestigter Forststraße umrunden wir den Stallberg (evtl. Aufstieg zur Kuppe und Besichtigung der Wallreste). Nach ungefähr 1,5 km geht der Weg mit der Markierung *ausgefülltes rotes Dreieck* rechts ab; wir halten uns links. Auf der Westseite des Berges steht an einer Weggabelung ein Orientierungsstein. Weiter folgen wir dem Hauptweg. Nach etwa 2 km gelangen wir wieder auf die L 3173. Wir halten uns rechts und gehen die Landstraße ca. 150 Meter entlang bis zur Einmündung in die *B 84*, die wir überqueren und auf dem Forstweg (Verlängerung der *L 3173*) weitergehen. Ein *schwarzer Winkel* und ein *Andreaskreuz* (Europäischer Fernwanderweg Nr. 6) sind unsere Markierungen. Wir folgen dem *schwarzen Winkel* bis zu einer Kreuzung und gehen dann links weiter auf dem Weg, der mit einem *roten Winkel* gekennzeichnet ist. Nach ungefähr 1 km teilt sich der Weg: links hinunter geht der Weg mit dem *roten Winkel*, rechts steigt ein *unmarkierter* Weg leicht an. Diesem folgen wir bis zum Waldrand. Hier haben wir einen wunderbaren Blick auf Rasdorf und den Gehilfersberg. Nur wenige Meter vom Waldrand entfernt kommt von links der *rotwinklig* markierte Weg und vereinigt sich mit unserem Pfad. Von jetzt ab geleitet uns der *rote Winkel* auf einem geteerten Flurweg fast ständig geradeaus etwa 2 km bis nach **Rasdorf**, dem Ausgangspunkt unserer Wanderung.

2 Von Hünfeld nach Molzbach

Kurzwanderung in der Gemeinde Hünfeld

Hünfeld – BGS-Kaserne – Schießstand – Taubenberg – Molzbach – Weinberg, 396 m – Großenbach, 310 m – Haselgrund – Hünfeld

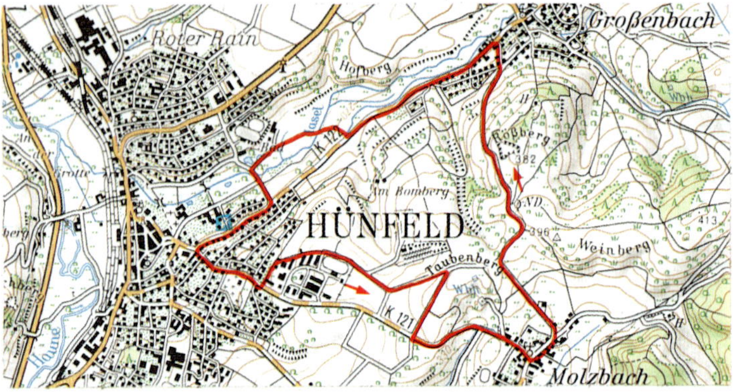

Ausgangspunkt: Hünfeld, ca. 300 m, Anfahrt von Fulda über die B 27 oder von Tann (Hilders) über die L 3176.
Parkmöglichkeit: Parkplatz vor dem Hünfelder Kloster.
Gehzeit: 2½ Std.

Höhenunterschied: Ca. 190 m.
Anforderungen: Leicht begehbare Wege.
Einkehrmöglichkeiten: Gaststätten in Hünfeld, Molzbach und Großenbach.
Sehenswertes: Interessantes Kloster in Hünfeld.

Vom **Hünfelder Kloster** gehen wir zunächst die *K 121* entlang bis zur Höhe der **BGS-Kaserne**. Wir folgen der Markierung des *HWO 2*, *rotes ausgefülltes Dreieck*. Vor dem Kasernengelände halten wir uns links und umgehen am Zaun entlang diesen militärischen Bereich. Weiter führt uns der markierte Weg an dem Standortschießgelände vorbei bis zum **Taubenberg**. Hier folgen wir einem rechtsabbiegenden Weg, der mit einem *schwarzen Winkel* markiert ist. Der Weg führt uns leicht abwärts, und nach ungefähr 500 Metern stoßen wir beim Feuerwehrgerätehaus auf die Straße »Am Hain«. Wir halten uns nach links und gehen weiter bis zur Kirche in der Ortsmitte von **Molzbach**. Hier schlagen wir wieder die linke Richtung ein und gehen bis zum Ortsende. Bei den letzten Häusern geht unser Weg links durch die Felder bis zur Straße. Hier finden wir das *rote Dreieck* als Wanderzeichen wieder vor. Wir wandern nach rechts, gelangen nach wenigen Metern an eine Rechtskurve mit einem Bildstock und gehen den Schotterweg geradeaus abwärts. Den Rößberg lassen wir rechts des Weges liegen und erreichen nach etwa 1 km die Gemeinde **Großenbach**, einen Stadtteil von Hünfeld. In der Roßbergstraße halten wir uns links. An der Haltestelle der fahrbaren Sparkassenzweigstelle gehen wir rechts hinunter bis zur Hauptstraße *(K 122)*. Wir laufen nun entlang der Verbindungsstraße Großenbach – Hünfeld. Auf halbem Weg gehen wir rechts hinunter zum **Haselsee** und an diesem vorbei bis zur großzügig angelegten Freizeitanlage. Die parkähnliche Anlage durchqueren wir und erreichen schon nach kurzer Zeit die Klosterstraße, die uns zum **Hünfelder Kloster** zurückbringt.

Blick auf das Rhöndorf Großenbach.

3 Rund um Tann

Wanderung im Ulstertal

Tann – Ulstermühle – Günthers, 350 m – Neuswarts, 355 m – Kothenberg – Habelberg, 718 m – Ulstermühle – Tann

Ausgangspunkt: Tann, ca. 400 m, Anfahrt mit Pkw über die B 278 von Hilders.
Parkmöglichkeit: Parkplatz vor dem Tanner Stadttor.
Gehzeit: 3½ Std.
Höhenunterschied: Ca. 320 m.
Anforderungen: Gut begehbare Wege, steiler Anstieg von Neuswarts zum Kothenberg.
Einkehrmöglichkeiten: Gasthäuser in Tann und Günthers.
Sehenswertes: Museumsdorf und Elf-Apostel-Haus in Tann, Reste der Ringwallanlagen auf dem Habelberg.

Der Parkplatz befindet sich unmittelbar beim **Tanner Stadttor** (16. Jh.), durch das man den Marktplatz erreicht. Wir gehen die Marktstraße hinab bis zur Post, biegen links in die Brunnengasse ein (Tafel mit verschiedenen Wegemarkierungen) und folgen der Straße aufwärts bis zur **Ulstermühle**. In der Straße »Am Unsbach« halten wir uns links und überqueren den Mühlbach. Unser Weg führt geradeaus über zwei weitere Ulsterarme bis an eine Kreuzung. Hier weist uns ein *blaues U auf weißem Grund* (Ulsterweg) den Pfad nach rechts. Auf diesem bewegen wir uns in halber Hanghöhe durch das Ulstertal bis nach **Günthers**, das wir nach ungefähr 6 km erreichen. Vor uns das herrliche Panorama des Rockenstuhls mit Motzlar

Blick auf Tann.

und auf der rechten Seite der Schleidsberg. Im Ort stoßen wir auf die *K 31*, der wir einige Meter nach links folgen. Fast am Ortsausgang biegt unser Weg nach rechts ab. Über die Fluren leitet uns das *blaue U* bis nach **Neuswarts**. Weit reicht unser Blick ins Ulstertal, und im Hintergrund machen wir noch die mächtige Kuppe des Soisbergs aus. Wir verlassen den U-Wanderweg und durchqueren Neuswarts auf seiner Nord-Süd-Achse, der Hauptstraße. Unsere Markierung ist jetzt ein *grünes offenes Dreieck mit Senkrechtbalken*. Etwa 100 Meter nach dem Ortsende wandern wir halbrechts auf einem Wiesenweg leicht aufwärts, vorbei an einem Wasserhochbehälter, bis zur Straße. Wir folgen der Straße nach rechts, die sich in Serpentinen steil bergauf zieht. Es ist die einzige größere Steigung auf dieser Wanderung. In einer Rechtskurve (Nähe eines trig. Punktes) gehen wir geradeaus über einen Wiesenpfad. Nach 200 Metern verlassen wir diesen Weg und gehen links hinunter bis zu einem Querweg. Diesem folgen wir nach rechts, gehen dann immer geradeaus – nun stoßen wir wieder auf einen breiten, querverlaufenden Weg, der mit einem *roten Winkel*, einem *schwarzen* und einem *roten ausgefüllten Dreieck* markiert ist (evtl. Abstecher zum Gipfel des **Habelbergs**). Dieser Markierung folgen wir auf breiten Forstwegen talwärts und stoßen nach etwa 3 km wieder auf den Ulsterweg. Nur mehr wenige Meter sind es von hier zum Ortsmittelpunkt von **Tann**.

4 Von Mackenzell zum Ulmenstein

Wanderung zu einem Bergsee im Hünfelder Land

Mackenzell – Ulmenstein – Jungfernbörnchen – Weißenbrunnskirche – Wasserhochbehälter – Mackenzell

Ausgangspunkt: Ortsmitte von Mackenzell (Raiffeisenbank), ca. 300 m, Anfahrt mit Pkw von Hünfeld über die Straße Hünfeld – Hilders bzw. Tann.
Parkmöglichkeit: Parkplatz in der Ortsmitte von Mackenzell, neben der Raiffeisenbank.
Gehzeit: 2½ – 3 Std.
Höhenunterschied: Ca. 190 m.
Anforderungen: Feld- und Forstwege.
Einkehrmöglichkeiten: Gaststätten in Mackenzell.
Sehenswertes: Schöner Ortskern von Mackenzell (Fachwerkhäuser), ehemaliges Wasserschloß (keine Besichtigung, wird als Kurklinik genutzt).

Unsere Wanderung beginnt in der Ortsmitte von **Mackenzell** (Raiffeisenbank) und verläuft über die Raiffeisenstraße bis zum Ulmensteinweg, wo wir rechts abiegen, leicht ansteigend die Richtung zum Friedhof nehmen und bis zum Ortsende gehen. Etwa 200 Meter nach dem Ortsschild zeigt ein *Wegweiser* nach dem Drachenstein. Hier verlassen wir die Straße und biegen nach links in den leicht abwärtsführenden Feldweg ein. Nach ungefähr 600 Metern stoßen wir auf eine Feldwegkreuzung und halten uns rechts. Leicht ansteigend erreichen wir nach ca. 500 Metern den Waldrand. Die letzten Meter vor dem Waldrand erfordern unsere ganze Aufmerksamkeit, denn der Weg ist teilweise zugewachsen. Am Waldrand finden wir auch die ersten Wanderzeichen; ein *schwarzer Winkel* ist für die nächste Zeit unser Wegbegleiter. Kurz nach Betreten des Waldes müssen wir in einem Hohlweg steil ansteigen. Nach ungefähr 200 Metern Anstieg verläuft unser Waldpfad eben bis zu einem befestigten Forstweg. Diesem folgen wir bis zu einer Gabelung. Wir halten uns nach rechts und folgen einer langgezogenen Kurve. Am Ende der Kurve weist uns eine Markierung den Weg nach links. Auf einem künstlich aufgeschütteten Wegdamm gehen wir etwa 1 km ständig geradeaus bis zu einem *Metallwegweiser*. Hier verlassen wir den geraden

Die Weißenbrunnskirche, eine alte Wallfahrtskirche bei Mackenzell.

Weg und biegen rechts ab. Ein kurzes Steilstück müssen wir überwinden, dann schlängelt sich unser Pfad eben durch den Wald, bis er auf einen U-förmigen Weg stößt. Wir gehen nun nach links und gelangen an eine **Schutzhütte**. Nach wenigen Metern schwenkt unser Weg leicht nach links, und wir befinden uns am Nordufer des **Ulmenstein**. Ein schmaler Pfad führt steil hinab zum Seeufer. Wir halten uns weiter auf unserem Weg und gelangen etwa bis zur Mitte des Tümpelrands. Hier folgen wir einem steilen Pfad aufwärts. Am höchsten Uferpunkt lädt eine Bank zum Verweilen ein. Der Pfad führt ebenso steil und steinig wieder abwärts, und wir erreichen eine Grillhütte am Südufer des Gewässers.

Nun gehen wir den Weg südwärts, bis er auf eine befestigte Forststraße stößt. Dieser folgen wir bis zu einem Parkplatz. Unser Wanderweg führt nun nach rechts am Wald entlang. An der Stelle, wo der Waldrand rechtwinklig nach links abbiegt, gehen wir geradeaus den Waldweg etwa 500 Meter abwärts und gelangen zum **Jungfernbörnchen**, einer gefaßten Quelle mit Ruhebänken und Tischen. Wir gehen geradeaus und erreichen nach wenigen Metern einen befestigten Landwirtschaftsweg. An einer Wegegabelung halten wir uns rechts und folgen dem Auf und Ab des Weges bis zur **Weißenbrunnskirche**, die inmitten des Friedhofs an der rechten Wegseite liegt. Unser Weg steigt ab Friedhof wieder leicht an bis zu einem Hochkreuz. Ab da führt uns der Weg talwärts, vorbei an einem **Wasserhochbehälter**, bis zur *Wegabzweigung* Drachenstein. Hier schließt sich unser Rundweg, und wir gehen auf dem gleichen Weg zurück bis zum Ausgangspunkt.

5 Zum Haunestausee

Rundwanderung in der Vorderrhön

Almendorf – Steinau – Haunestausee, 279 m – Dammersbach, 338 m – Wendelinuskapelle – Almendorf

Ausgangspunkt: Almendorf, 280 m, Anfahrt von Fulda über Petersberg auf der Kreisstraße 4 bis Almendorf.
Parkmöglichkeit: Im Ort, bei der Kirche.
Gehzeit: 4½ – 5 Std.

Höhenunterschied: Ca. 110 m.
Anforderungen: Feld- und Forstwege.
Einkehrmöglichkeiten: Ghf. Berghof in Almendorf, Ghf. Zellmühle am Haunestausee (Westufer).

Von der **Kirche** von Almendorf laufen wir die Philipp-Engel-Straße leicht abwärts bis zur Straße »In der Au«. Hier halten wir uns rechts und folgen dem Wanderzeichen *blaues H auf weißem Grund* bis nach **Steinau**. Unmittelbar vor der Steinauer Kirche gehen wir nach rechts bis zur Schloßstraße. Auf einem Flurweg wandern wir bis zu einer Holzbrücke, die wir rechts liegen lassen. Nach ungefähr 150 Metern erreichen wir die *L 3429* und halten uns rechts, um nach einem kurzen Wegstück die Straße zu überqueren und den Weg weiter nach links fortzusetzen. Nach ca. 2,5 km gelangen wir an das Südufer des **Haunestausees**. Unser Wanderweg mit der Markierung *blaues H* führt am Ostufer des Sees entlang bis zu einem modernen Hochkreuz, das 1992 von der Kirchengemeinde Marbach gesetzt wurde. – Bei Lust und Laune können wir um das Nordufer des Sees wandern und in der Zellmühle am Westufer einkehren (Rückkehr auf gleichem Weg). – Vom Hochkreuz halten wir uns scharf nach rechts und folgen einem *schwarzen liegenden Tropfen.* Das erste Wegstück steigt steil an, aber sobald wir die Höhe erreicht haben, verläuft der Pfad fast eben. Nach gut 2 km gelangen wir zu einem Waldparkplatz mit einem Hochkreuz. Ein kleines Schild weist uns darauf hin, daß wir uns auf dem *Marbacher Kirchenpfad* befinden. Wir folgen weiter unserer Markierung bis zur Straße. Nach links müssen wir nun ein kurzes Stück Landstraße abwärts bis **Dammersbach** gehen.
Unmittelbar vor dem Ort zeigt ein Wegweiser nach rechts zum Sportplatz. Wir halten uns an die vorgegebene Richtung und erreichen nach wenigen Metern die Straße »Fuldaer Graben«. Hier finden wir als Markierung einen *schwarzen Winkel auf weißem Grund.* Am Sportplatz vorbei, gehen wir in gerader Richtung einen Flurweg, der uns nach knapp1 km in den Wald führt. Im Wald stößt der befestigte Forstweg nach etwa 1,5 km auf einen breiten Querweg. Hier halten wir uns links und gehen weitere 400 Meter bis zu einer abermaligen Wegeinmündung. Wir gehen nun den Hauptweg rechts hinab und erreichen nach ungefähr 1,3 km eine Wegspinne bei der sogenannten **Degenhardteiche** (ND). Hier finden wir auch die Wegemarkierung *schwarzer Winkel* wieder und folgen dem Zeichen in gerader Richtung. Nach etwa 1 km gelangen wir zur **Wendelinuskapelle**, einer kleinen Wallfahrtskirche.

Ein befestigter landwirtschaftlicher Nutzweg führt uns leicht abwärts bis zur *L 3429*. Wir überqueren die Kreuzung und gehen auf einem Trampelpfad links der Straße in Richtung **Almendorf**. Hinter der Haunebrücke zweigt unser Weg nach rechts ab, und wir gelangen durch die Fluren in die nahegelegene Ortschaft. Abschließend lädt die Gaststätte Berghof zu einer Rast ein.

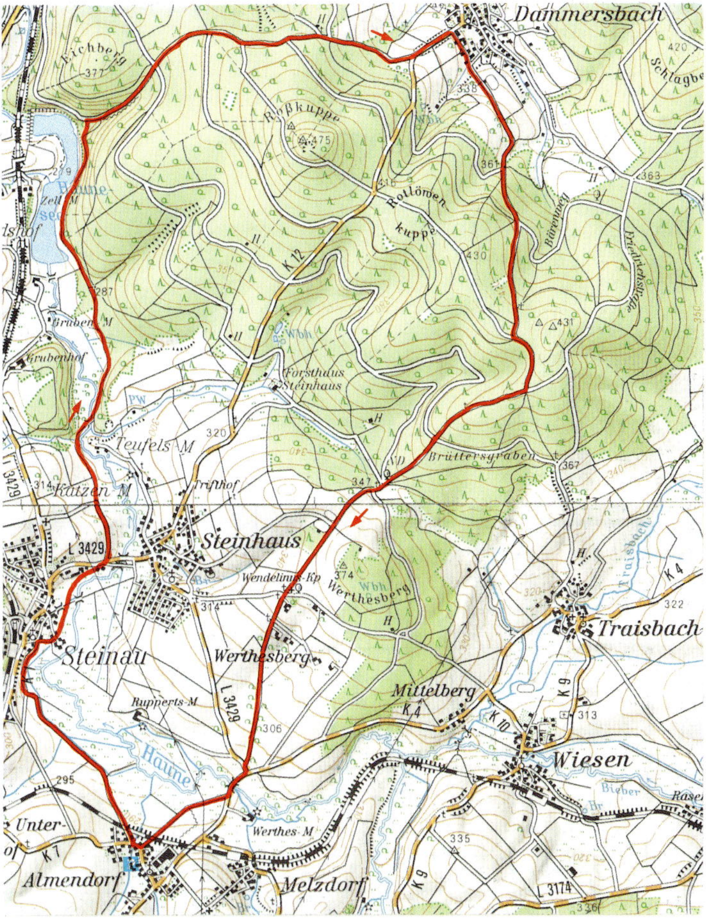

6 Durchs Mambachtal zur Milseburg

Wanderung durch Deutschlands schönstes Tal

Schackau – Schackenbergshof – Mambachtal – Kleiner Ziegenkopf – Oberbernhardser Höhe – Wendebuche – Milseburg, 835 m – Liedenküppel – Kleinsassen – Odenstein – Schackau

Ausgangspunkt: Parkplatz in Schackau, 417 m, Anfahrt von Fulda über Petersberg, die L 3174 über Margaretenhaun nach Niederbieber, weiter auf der K 18 bis Langenbieber und von hier über die L 3330 nach Schackau.
Parkmöglichkeit: Parkplatz in Schackau.
Gehzeit: 3½ Std.
Höhenunterschied: Ca. 420 m.
Anforderungen: Feld- und Waldwege.

Einkehrmöglichkeiten: Schutzhütte auf der Milseburg, Gaststätte Trapp in Kleinsassen.
Sehenswertes: Alte Ringwallanlage um die Milseburg.
Anmerkungen: Diese Wanderung kann mit den Tourenvorschlägen »Maulkuppe – Milseburg – Maulkuppe« bzw. »Teufelstein – Maulkuppe« zu einer großen Wanderung zusammengefaßt werden.

In **Schackau** am Parkplatz steht ein Wegweiser, der den Weg Mambachtal – Bahnhof Milseburg und ein *schwarzes geschlossenes Dreieck* als Markierung angibt. Schon gleich am Schackenbergshof beginnt unser Weg leicht anzusteigen. Immer mäßig aufwärts gehen wir etwa 2 km durch das Mambachtal, bis ein breiter Weg von unserer Hauptrichtung nach rechts

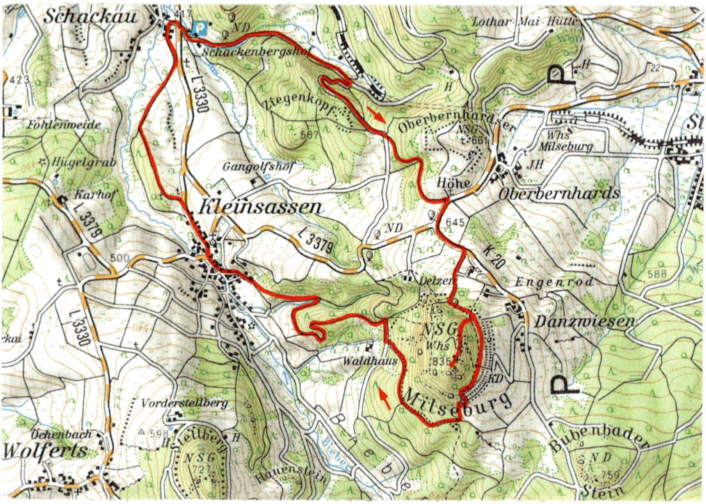

Blick zur Milseburg.

abzweigt; diesem folgen wir. Die serpentinenartige Wegführung läßt uns nach kurzer Zeit die Ausläufer des **Kleinen Ziegenkopfes** erreichen. Am Waldrand genießen wir die herrliche Aussicht auf die vor uns liegende Milseburg. Wir wandern am Waldrand weiter, bis der Hauptweg rechtwinklig abbiegt. Hier gehen wir geradeaus weiter in Richtung **Oberbernhardser Höhe**. Nach etwa 300 Metern halten wir uns auf dem Querpfad nach rechts und folgen dem natürlichen Verlauf der Trassenführung, bis wir nach ungefähr 400 Metern auf die *L 3379* stoßen. An der Einmündung steht ein wunderbarer Bildstock. Wir gehen nun nach rechts auf der Straße ca. 200 Meter weiter und gelangen an die **Wendebuche**, wo wir links in die Straße nach Danzwiesen (*K 20*) einbiegen. Am zweiten Parkplatz zweigt ein befestigter Flurweg nach rechts ab. Auf diesem gehen wir etwa 300 Meter und erreichen am Waldrand eine große *Informationstafel* des Naturparks Rhön mit dem Lageplan der ehemaligen Wallanlagen der **Milseburg** (archäologischer Wanderpfad). Wir können nun geradeaus den breiten Weg oder nach links den etwas steinigen Pfad zum Gipfel des Berges benutzen. Die Wanderzeit beträgt bei beiden Wegen etwa 15 Minuten.

Oben: Weithin sichtbar ist die barocke Kreuzigungsgruppe auf der Milseburg.
Rechts: Ein wahres Kleinod bäuerlicher Kunst ist diese Haustür in Kleinsassen.

Nach der Rast in der Rhönklubhütte und einem Rundblick vom Gipfel auf die umliegenden Berge steigen wir an der Ostseite den steinigen Pfad abwärts bis zum Waldrand. Wir richten unsere Schritte nach rechts und wandern parallel der Wallanlagen bis zum Südtor (siehe Wanderung 7). Wir gehen links hinab und stoßen nach etwa 150 Metern auf einen Querweg, dem wir nach rechts folgen. Dem natürlichen Verlauf des Pfades nachgehend, erreichen wir nach etwa 800 Metern einen Holzwegweiser mit der Aufschrift *»P Kleinsassen«*. Hier gehen wir in die angegebene Richtung und stoßen nach einigen Metern auf einen breiteren Querweg. Wir halten uns talwärts, lassen den Liedenküppel rechts liegen und gelangen nach kurzer Zeit an den Waldrand. Wir wandern so lange bergab, bis wir den Ort Kleinsassen vor uns haben. Leicht nach rechts gehend, gelangen wir in das Dorf. Wir durchqueren **Kleinsassen**, gehen an der Kirche vorbei und bleiben bis zum Ortsende auf der Straße. Vom zweiten links abführenden Weg lassen wir uns zum Waldrand lenken, an einer kleinen Flurkapelle dann nach rechts und immer am Wald entlang. Nach etwa 500 Metern biegt der Pfad halbrechts in die Fluren ab und bringt uns direkt nach **Schackau**.

7 Von der Maulkuppe auf die Milseburg

Wanderung zur »Perle der Rhön«

Parkplatz Maulkuppe – Vordereselsbrunn – Biebertal – Milseburg, 835 m – Bubenbader Steine, 759 m – Sandplatte – Hintereselsbrunn – Vordereselsbrunn – Parkplatz Maulkuppe

Ausgangspunkt: Parkplatz Maulkuppe, 670 m. Anfahrt über die B 458 von Fulda bis Kreuzung Steinwand (Ziegelhof), links ab und auf der L 3330 bis Ortschaft Steinwand, dann die markierte Fahrstraße Richtung Fuldaer Haus.
Parkmöglichkeit: Parkplatz Maulkuppe.
Gehzeit: 2½ Std.
Höhenunterschied: Ca. 240 m.
Anforderungen: Gut begehbare Feld- und Forstwege.
Einkehrmöglichkeiten: Fuldaer Haus (Montag Ruhetag), Schutzhütte auf der Milseburg (ganzjährig geöffnet), Grabenhöfchen.
Sehenswertes: Milseburg mit Resten keltischer Ringwallanlage (archäologischer Wanderpfad), vom Gipfel der Milseburg umfassender Rhön-Rundblick.
Anmerkung: Dieser Rundweg läßt sich mit dem Rundweg »Teufelstein – Maulkuppe« sehr gut kombinieren.

Unser Weg führt uns fast eben in östlicher Richtung am **Fuldaer Haus** vorbei bis zu einem *Wegweiser* des Rhönklubs. Vor uns erhebt sich aus dem Biebertal die Milseburg (s. Abb. S. 31). Wir folgen dem leicht ansteigenden Weg bis zu dem etwa 300 Meter entfernten Weiler **Vordereselsbrunn**. Unmittelbar vor dem Bauernhof biegen wir links ab und gehen einen Feldweg entlang bis zum Wald. Hier halten wir uns rechts (Markierung *rotes Dreieck*) und folgen dem Waldweg talwärts bis zu einer überdachten Ruhebank auf der linken Wegseite. Nach etwa 50 Metern müssen wir auf einem breiten Landwirtschaftsweg nach links abbiegen und ungefähr 300 Meter weiter talwärts gehen (Richtung Kleinsassen). Unsere vertraute Wegmarkierung lenkt unsere Schritte nach rechts, wo wir einem Waldweg steil bergan bis zu einer Waldwiese folgen. Auf einem Wiesenpfad kreuzen wir die Lichtung. Weiter steigt unser steiniger Weg aufwärts, bis wir nach ca. 400 Metern unmittelbar vor dem Südhang der Milseburg stehen. Wir gehen nun einen leicht ansteigenden Pfad bis zu Wegebezeichnung *»Prähistorischer Wanderpfad«*. Halblinks gehen wir weiter. Ein Steinwall kreuzt rechtwinklig unseren

Blick von der Maulkuppe zur Milseburg.

Weg, und wir stoßen auf eine Tafel des *Lehrpfads*. Nun wissen wir, daß wir durch das Südtor die Ringwallanlage betreten haben. Wir nehmen den rechts abzweigenden Weg und bewegen uns parallel zu den Wällen. Nach etwa 500 Metern gelangen wir an eine Kreuzung. Links geht es auf steinigen Pfaden zum **Gipfel** (835 m, Aufstieg sehr lohnenswert, herrliche Aussicht und Einkehrmöglichkeiten in der Schutzhütte). Wer nicht auf den Gipfel steigt, biegt nun rechts ab (Gipfelstürmer kommen den Aufstiegsweg wieder zurück bis zu diesem Punkt).
Durch einen Walldurchbruch (kein historisches Tor!) verlassen wir den Ringwall und gehen nach links, um dem natürlichen Verlauf des Weges zu folgen, bis zu einer links abzweigenden Haarnadelkurve. Hier gehen wir geradeaus bis zu einem weithin sichtbaren *Wegweiser*, an dem wir uns nach rechts Richtung Wasserkuppe – Batten wenden. Der gut ausgebaute Forstweg lenkt unsere Schritte fast geradlinig durch einen aufgelockerten Waldbestand leicht abwärts in eine Senke. Mäßig aufwärtsgehend müssen wir noch etwa 1 km bis zum Waldrand zurücklegen. Ein Wegweiser mit der Aufschrift *»Fuldaer Haus«*, der nur wenige Meter vom Waldrand steht, zeigt uns den Weg nach rechts, und wir erreichen den Weiler **Hintereselsbrunn**. Auf asphaltiertem Landwirtschaftsweg gehen wir über **Vordereselsbrunn** zur **Maulkuppe** mit dem Fuldaer Haus, das uns zur Einkehr auffordert (gute Küche!).

8 Vom Teufelstein zur Maulkuppe

Kurzwanderung in der Kuppenrhön

Grafenhöfchen – Hintereselsbrunn – Teufelstein, 729 m – Pielhof – Obereichenwinden – Maulhof – Maulkuppe, 670 m – Vordereselsbrunn – Hintereselsbrunn – Grabenhöfchen

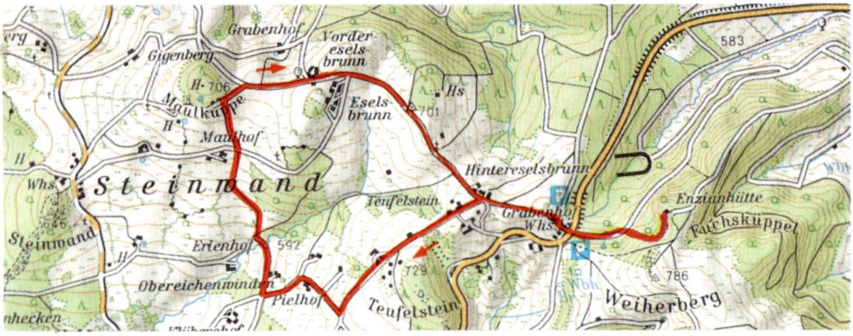

Ausgangspunkt: Parkplatz Grabenhöfchen, 680 m. Anfahrt mit Pkw über die B 458 von Fulda.
Parkmöglichkeit: Am Grabenhöfchen; rechts und links der B 458 befinden sich Parkplätze.
Gehzeit: 1½ Std.
Höhenunterschied: Ca. 110 m.
Anforderungen: Leicht begehbare Wege, für Familien mit Kindern bestens geeignet.
Einkehrmöglichkeiten: Grabenhöfchen, Fuldaer Haus (Montag Ruhetag), Enzianhütte (Alpenvereinshaus, Dienstag Ruhetag).
Sehenswertes: Während der Wanderung herrliches Panorama der südlichen Rhön, von der Maulkuppe Blick zur Milseburg, der »Perle der Rhön«.

Vom Parkplatz **Grabenhöfchen** gehen wir etwa 400 Meter auf asphaltiertem Feldweg in Richtung Maulkuppe (Fuldaer Haus) bis zu einer Wegegabelung. Hier biegen wir nach links ab in Richtung Teufelstein – Ziegelhof. Linker Hand liegt das **NSG Teufelstein** mit seinen bewaldeten Basaltsteinformationen. Unser Weg führt uns geradeaus weiter bis zu einer Kreuzung. Wir biegen rechts ab und folgen dem natürlichen Verlauf des Weges, vorbei an einer Feldscheune, bis wir abermals an eine Kreuzung gelangen, wo wir ebenfalls rechts abbiegen und nach etwa 400 Metern zum tiefstgelegenen Punkt (591,6 m) dieser Wanderung kommen. Wir folgen nun einem leicht aufwärtsführenden Schotterweg bis zum **Maulhof**. Bald haben wir das **Fuldaer Haus** mit seiner markanten Rundform vor uns. Auf einem asphaltierten Flurweg wandern wir noch etwa 300 Meter bis zum Parkplatz dieser Gaststätte (Einkehr empfehlenswert, gute Küche). Wir biegen nach rechts ab und gehen ca. 100 Meter bis zu einem *Wegweiser*. Hier haben wir einen wunderbaren Blick auf die majestätisch aufragende Milseburg. Leicht ansteigend führt uns der Weg am Weiler **Vordereselsbrunn** vorbei zum höchsten Punkt (701,3 m) der Wanderstrecke. Von hier senkt sich unser Weg, und leicht bergab gehen wir auf einem befestigten Landwirtschaftsweg. Vor uns liegt der Weiherberg mit der Enzianhütte und im Hintergrund das breitgelagerte Wasserkuppenmassiv. Halbrechts sehen wir noch einmal den Teufelstein mit den Streuhöfen. Am Weiler **Hintereselsbrunn** schließt sich nun wieder unser Rundwanderweg. 400 Meter trennen uns noch vom Parkplatz **Grabenhöfchen**, den wir in wenigen Minuten erreichen. Von hier können wir noch einen Abstecher zur Enzianhütte (bewirtschaftete Alpenvereinshütte) unternehmen. Wir überqueren die Bundesstraße und folgen einem ansteigenden Waldpfad. Nach kurzer Wegstrecke haben wir das Ziel erreicht.

Der markante Rundbau des Fuldaer Hauses.

9 Rund um Poppenhausen (I)

Wandern und schauen im Tal von Poppenhausen

Poppenhausen – Bergsportschule – Kühküppel – Neufeld, 608 m – Neuwart, 580 m – Oberbienhof – Hettenpaulshof – Storchshof – Bollrain – Poppenhausen

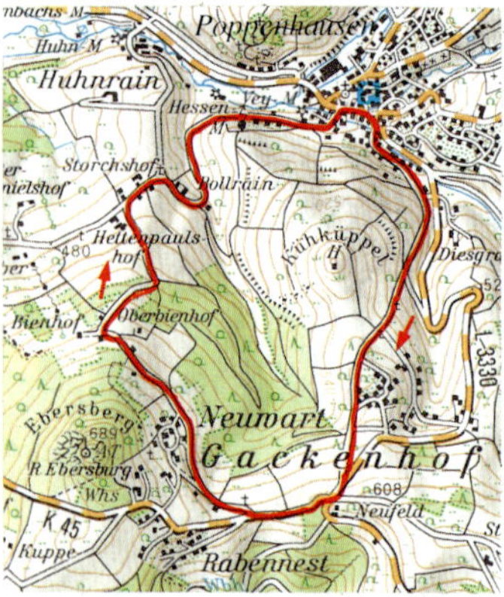

Ausgangspunkt: Poppenhausen, 420 m, Marktplatz vor der Kirche, Anfahrt von Fulda über Steinwand nach Poppenhausen oder mit öffentlichem Bus von Fulda (Bushaltestelle ca. 200 Meter vom Marktplatz in Poppenhausen).
Parkmöglichkeit: Marktplatz.
Gehzeit: 2 Std.
Höhenunterschied: Ca. 170 m.
Anforderungen: Leicht begehbare Wege, für Familien mit kleinen Kindern bestens geeignet.
Einkehrmöglichkeiten: Gaststätten in Poppenhausen, Ghf. »Zur Ebersburg«.
Sehenswertes: Ruine Ebersburg (Turmbesteigung mit Rundblick über die Rhön), während der Wanderung ständig wechselnde Panoramablicke.

Vom **Marktplatz** gehen wir zunächst in Richtung Bergsportschule Rhön und gelangen zur Straße nach Gersfeld. Vorbei am Backhausbrunnen gehen wir wenige Meter die Hauptstraße (nach Gersfeld) entlang bis zur Straße »Roter Weg«. Hier sehen wir auch das erste Markierungszeichen: ein *ausgefülltes gelbes Dreieck*. Dieser Markierung folgen wir leicht aufwärts, vorbei an einem Umspannwerk. Nach ca. 100 Metern stoßen wir auf der rechten Wegseite auf den Hinweis zu einem alten Bierkeller, der jetzt den Fledermäusen als Unterschlupf dient. Der Weg aus dem Talkessel von Poppenhausen führt uns ständig bergauf. Ein Hochkreuz mit einer Ruhebank lädt uns zu einer kurzen Rast ein. Etwa 100 Meter weiter steht ein zweites Hochkreuz (Bildstöcke und Kreuze sind ein typisches Element der Rhönlandschaft). Aufwärtsgehend folgen wir dem Verlauf des Weges und gelangen nach ungefähr 700 Metern auf die *L 3330*. Nur wenige Meter sind es noch bis zu einer Kreuzung: Links geht die Straße nach Wachtküppel, geradeaus nach Gersfeld und rechts nach Weyhers. Wir folgen der Markierung nach rechts und gehen ca. 300 Meter auf der Straße bis zu einem Hochkreuz. Hier biegen wir rechts ab und erreichen den Weiler **Neuwart** (von dort können wir einen Abstecher zur Ebersburg machen). Nun führt unser Weg abwärts; nach etwa 1 km gelangen wir zum Weiler **Oberbienhof**. An der Hofeinfahrt zum Bienhof knickt unser

Die Ruine Ebersburg, ehemaliger Rhöner Adelssitz.

Weg nach rechts ab, nach 300 Metern rechtwinklig nach links. Wir genießen einen prachtvollen Ausblick auf das Wasserkuppenmassiv. Am **Hettenpaulshof** stößt unser Wanderweg auf eine Querstraße. Auf dieser biegen wir rechts ab und gelangen zum **Storchshof**. Geradeaus führt unser Weg bis zu einem Bildstock. Hier halten wir uns abermals nach rechts und erreichen den letzten Hof der Ebersberger Höfe, den **Bollrain**, den wir hufeisenförmig umgehen. Der Teerweg führt uns weiter bis ins Tal. Eine leichte Anhöhe müssen wir nun ersteigen, bis wir die Ebersberger Straße erreichen. Sie führt uns geradewegs zum Ortsmittelpunkt von **Poppenhausen**.

10 Rund um Poppenhausen (II)

Wanderung in der Gemarkung Steinwand

Poppenhausen – Rauschelbach – Steinwand-Kreuzung, 541 m – Teufelstein – Mittelberg – Hohensteig – Poppenhausen

Ausgangspunkt: Poppenhausen, 420 m, Marktplatz vor der Kirche, Anfahrt von Fulda über Steinwand nach Poppenhausen oder mit öffentlichem Bus von Fulda (Bushaltestelle ca. 200 Meter vom Marktplatz in Poppenhausen).
Parkmöglichkeit: Marktplatz.
Gehzeit: 2 Std.
Höhenunterschied: Ca. 230 m.
Anforderungen: Leicht begehbare landwirtschaftliche Wege.
Einkehrmöglichkeiten: Gaststätten in Poppenhausen, Ghf. Ziegelhof.
Sehenswertes: Wunderbare Aussicht auf die Wasserkuppe und den Talkessel von Poppenhausen.

Vom **Marktplatz** gehen wir zunächst in Richtung Post (fast am Ortsausgang Richtung Fulda). Nach etwa 200 Metern biegen wir links ab und steigen leicht aufwärts. An der Markierung *»Fußweg«* gehen wir geradeaus. Steil ansteigend folgen wir dem natürlichen Verlauf des Teerweges, bis er auf eine Querweg stößt. Hier am Wald gehen wir in fast gerader Richtung (Achtung, *keine Markierung!*) an einer Feldscheune vorbei. Unser Weg steigt leicht an. Wie genießen den wunderbaren Blick auf den Talkessel von Poppenhausen und die Wasserkuppe. Nach ungefähr 500 Metern erreichen wir die Spitze einer Haarnadelkurve und folgen dieser Straße nach links. Kurz vor den letzten Häusern des Weilers **Pfaffenhof** biegen wir nach links ab und gelangen auf einem Wiesenweg, der parallel zur *L 3330* verläuft, zur **Kreuzung Steinwand**. Wir überqueren die Kreuzung in Richtung Hilders (stark befahrene Straße!) und gehen nach ca. 100 Metern links hoch. Hier stoßen wir auf ein *schwarzes offenes Dreieck*. Wir passieren eine Marienstatue und halten uns gleich wieder links, um nach wenigen Metern nach rechts abzubiegen. Auf einem befestigten Wiesenweg geht es bis zu einer Kreuzung hinauf. Die Wanderzeichen sind hier alle nach links orientiert, wir aber wählen die gerade Richtung und haben schon bald den **Teufelstein** vor uns.

Poppenhausen mit der Wasserkuppe.

Vor einer ausgedehnten Linkskurve biegen wir rechts ab. Nach ungefähr 100 Metern sehen wir auf der linken Wegseite ein *Hinweisschild* nach Poppenhausen. Unser Weg, der hier rechts abgeht, ist nur noch ein verwachsener Trampelpfad. Doch schon nach wenigen Metern erreichen wir die *B 458*. Hier halten wir uns rechts und wandern der Straße entlang bis zur **Bushaltestelle**. Links ab gelangen wir nach 200 Metern an den Hof Schöpfersbach. Hier biegen wir rechts ab und folgen nun dem Teerweg talwärts bis zur alten Landstraße beim Weiler **Hohensteig**. Wir halten uns links, gehen auf der ehemaligen Landstraße und stoßen bei einem Sägewerk auf die *L 3330*. An dieser Stelle kreuzen wir die Straße und gehen leicht aufwärts Richtung Wald. Nach etwa 100 Metern zweigen wir auf einen Pfad links ab. Der Waldweg führt uns weiter bis zum Waldrand, wo er unvermittelt endet und als Trampelpfad weiterführt. Nach einigen Metern stoßen wir dann wieder auf den Weg, der uns vom Aufstieg her bekannt ist. Wir gehen jetzt die Strecke umgekehrt und erreichen nach kurzer Zeit **Poppenhausen**.

11 Von Hilders zum Eisenacher Haus

Rundwanderung auf Rhönmatten

Parkplatz Rhönwald – Buchschirmküppel – Simmershausen – Oberweid, 510 m – Weidberg – Ellenbogen, 814 m – Eisenacher Haus – Thüringer-Rhön-Haus – Parkplatz Rhönwald

Ausgangspunkt: Parkplatz Rhönwald, 788 m, Anfahrt von Hilders auf der Straße Richtung Frankenheim.
Parkmöglichkeit: Parkplatz Rhönwald.
Gehzeit: 4 – 4½ Std.
Höhenunterschied: 304 m.
Anforderungen: Steile Wegstrecke von Oberweid zum Ellenbogen (über 300 Höhenmeter), ansonsten gut begehbare Wald- und Wiesenwege.
Einkehrmöglichkeiten: Gaststätten in Oberweid, Eisenacher Haus, Thüringer-Rhön-Haus (Mo. Ruhetag).
Sehenswertes: Vom Plateau des Ellenbogens wunderbarer Blick bis zum Inselsberg und auf die Rhön.

Das Eisenacher Haus auf dem Ellenbogen ist ein beliebtes Touristenziel.

Wir gehen vom **Parkplatz** einen in nordöstlicher Richtung verlaufenden, gesperrten Forstweg und folgen dessen natürlichem Verlauf etwa 2 km bis zu einer Kreuzung. Wir gehen geradeaus und biegen nach etwa 300 Metern leicht nach links. Unser Weg stößt nach weiteren 500 Metern auf einen Querweg. Hier halten wir uns abermals links. An der nach ungefähr 400 Metern folgenden Kreuzung (links Loipenhinweisschild) biegen wir nach rechts ab und erreichen nach wenigen Metern offene Weidefläche. Wir folgen dem befestigten Flurweg abwärts (Markierung: *ausgefülltes grünes Dreieck*), bis etwa nach 2,2 km ein Weg – von rechts kommend – sich spitzwinklig mit

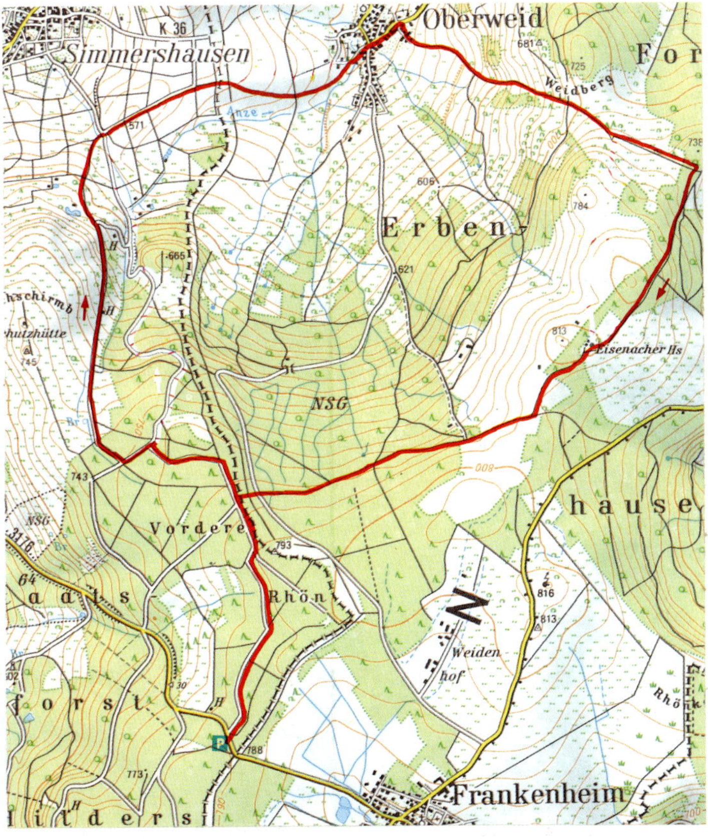

unserem Weg vereint. Wir haben nun die Wahl, rechts zu gehen und die etwas längere Strecke in Kauf zu nehmen oder geradeaus das kürzere Stück zu wandern; kurz vor **Simmershausen** vereinigen sich beide Wege wieder. Hier gelangen wir an eine mehrarmige Kreuzung und wählen den Pfad, der geradeaus durch die Feldfluren geht. Nach etwa 1 km stoßen wir auf eine querverlaufende Buschreihe. Leicht nach rechts versetzt, gehen wir geradeaus und überqueren die hessisch-thüringische Landesgrenze. Über einen abwärtsführenden Wiesenpfad durch den Anzegrund erreichen wir den Ortsrand von **Oberweid**. Wir gelangen in die Dorfmitte. Der Hauptstraße entlang gehen wir bis zur Post (schönes Fachwerkhaus) und weiter bis zur Kaltenwestheimer Straße. Wir schwenken nach links und gehen, vorbei an zwei Dorfbrunnen, bis zu einer Wegemarkierung *»Ellenbogen – Eisenacher Haus«*. Diesem Weg folgen wir in seinem natürlichen Verlauf aufwärts, vorbei am Wasserhochbehälter. Er schlängelt sich durch Wiesenflächen bis zum Waldrand. Wir durchqueren das Wäldchen und gelangen über Freiflächen zu einem Wegweiser mit folgender Markierung: *»698 m NN, Ellenbogen 2 km, RHW«*. Unser Weg führt uns auf einer leicht ansteigenden Schotterstraße geradeaus in Richtung Ellenbogen. Die Markierung des Rhön-Höhenweges lenkt unsere Schritte. Wir folgen dem Weg vorbei an der »Eckert-Bank«, die dem langjährigen Vorsitzenden des Rhönklubzweigvereins Eisenach gewidmet ist, und gelangen auf die Gipfelplattform des **Ellenbogens** (herrliche Aussicht!). Vom Plateau begeben wir uns direkt in das etwas unterhalb gelegene **Eisenacher Haus** zur Einkehr.
Auf der Fahrstraße wandern wir weiter in südwestlicher Richtung bis zu einer linksführenden Haarnadelkurve. Wir wählen den Weg nach rechts Richtung Thüringer-Rhön-Haus. Leicht abwärtsgehend verläuft unser Weg, fast in gerader Richtung, ungefähr 2 km bis zur ehemaligen deutsch-deutschen Grenze. Bei Bedarf können wir noch im **Thüringer-Rhön-Haus** einkehren. Kurz nachdem wir die hessisch-thüringische Landesgrenze überquert haben, gelangen wir an eine Kreuzung. Hier schließt sich unsere Rundwanderung. Wir halten uns links und gelangen nach kurzer Zeit an unseren **Ausgangspunkt** zurück.

Ein sturmzerzauster Baum zeugt von den rauhen Winden der Rhön.

12 Von Wüstensachsen nach Thaiden

Wanderung hoch über dem Ulstertal

Wüstensachsen – Schafstein, 832 m – Ehrenberg, 816 m – Teufelsberg – Thaiden – Ulstertal – Melperts – Wüstensachsen

Blick auf Wüstensachsen im Ulstertal.

Ausgangspunkt: Wüstensachsen, 596 m, Anfahrt mit Pkw über B 278 von Hilders (Tann), Fulda und Bischofsheim.
Parkmöglichkeit: Parkplatz in der Nähe der Kirche und des Bürgerhauses.
Gehzeit: 4 Std.
Höhenunterschied: Ca. 200 m.
Anforderungen: Forst- und Flurwege.
Einkehrmöglichkeiten: Gasthäuser in Wüstensachsen, Melperts und Seiferts.
Sehenswertes: Ortskern von Wüstensachsen, Basaltblockmeer am Schafstein.

Wir verlassen **Wüstensachsen** auf der Schafsteiner Straße und gehen bis zur *B 278*. Wir überqueren die Bundesstraße und halten uns gleich links Richtung Beckenmühle. Nach 100 Metern erreichen wir eine Wegegabelung mit einer Marienstatue. Hier biegen wir rechts ab, folgen dem Schotterweg, überqueren den Grumbach und biegen nach 50 Metern links in einen Wiesenweg ein. Etwa 300 Meter müssen wir aufsteigend bis zum Waldrand zurücklegen. Es folgt noch ein kurzer, kräftiger Aufstieg auf einem Wiesenpfad, bis dieser auf einen Feldweg stößt. Wir gehen nach links weiter bis zur Zubringerstraße Schafsteinhof, überqueren den landwirtschaftlichen Nutzweg und betreten durch einen Zaundurchlaß das Naturschutzgebiet. Auf einem Wiesenpfad gehen wir bis zur *K 38*, die wir überqueren. Wir wandern auf einem Waldweg weiter aufwärts und gelangen an eine Wegegabelung (Wegweiser; *grünes ausgefülltes Dreieck*, *grüner offener Tropfen*). Wir halten uns rechts und gehen leicht abwärts. Auf der linken Wegseite liegen die Basaltmassen des Blockmeeres des **NSG Schafstein**. Nach fast 1 km stoßen wir wieder auf die *K 38* und folgen ihr bis zur Paßhöhe. Kurz vorher zweigt unser Weg rechts ab, und wir gehen auf einem Kiesweg weiter. Nach 400 Metern gelangen wir an eine Wegegabelung und halten uns rechts. Gut 3 km bewegen wir uns auf einer Forststraße bis zu einem *Wegweiser*. Hier gehen wir der links verlaufenden Haarnadelkurve nach. An einer Wegegabelung im Wald folgen wir dem Weg nach Thaiden. Als Markierung begleitet uns das *grüne ausgefüllte Dreieck*. Nach wenigen Metern verlassen wir den Wald und befinden uns in der Feldflur. Nun am Waldrand entlang, bis unser Pfad auf einen Querweg stößt. Diesem folgen wir nach links, bis er spitzwinklig in einen Asphaltweg mündet. Hier biegen wir scharf nach rechts ab und folgen der Markierung *blaues U auf weißem Grund* (Ulsterweg). Dieser Weg führt uns nun an **Seiferts** und **Melperts** vorbei nach **Wüstensachsen**.

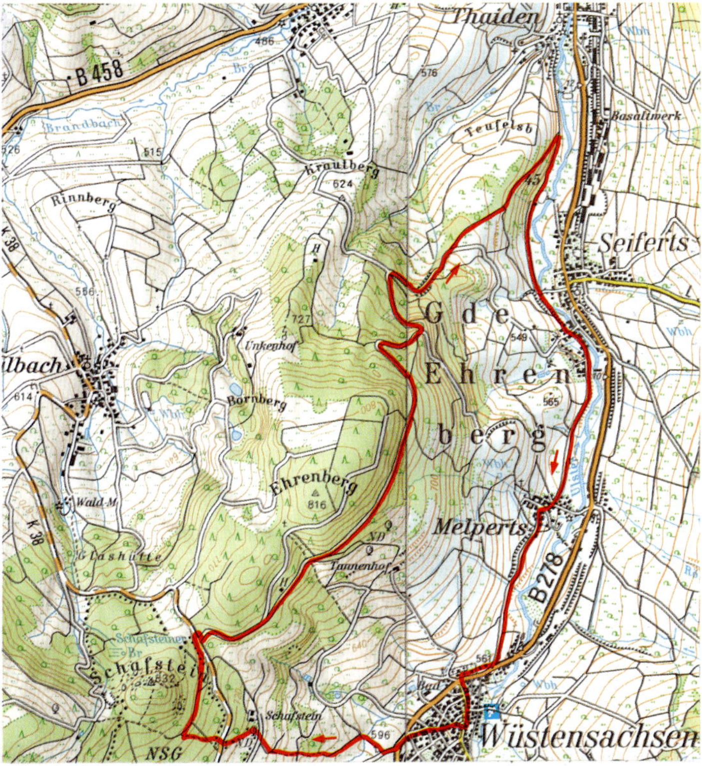

13 Auf die Wasserkuppe

Wanderung zum höchsten Rhönberg

Parkplatz Abtsroda – Skilift – Schweizerrain – Abtsrodaer Gebirge – Wasserkuppe – Fliegerdenkmal, 920 m – Abtsrodaer Kuppe, 905 m – Abtsroda

Ausgangspunkt: Parkplatz Abtsroda, 692 m, Anfahrt mit Pkw von Fulda über die B 458 bis Kreuzung Steinwand (Ziegelhof), rechts ab nach Poppenhausen und weiter in Richtung Wasserkuppe.
Parkmöglichkeit: Parkplatz oberhalb von Abtsroda.
Gehzeit: 2½ Std.
Höhenunterschied: Ca. 250 m.
Anforderungen: Gute Wald- und Wiesenwege, für Familien mit älteren Kindern (8 – 10 Jahre) gut geeignet.
Einkehrmöglichkeiten: Mehrere Gaststätten auf der Wasserkuppe.
Sehenswertes: Segelflugmuseum auf der Wasserkuppe (kleiner Umweg).

Östlich von Abtsroda, kurz vor der Einmündung der L 3307 in die L 3068, liegt ein großer **Parkplatz**, wo wir unser Auto abstellen können. Die Markierung *weißes G auf blauem Grund* ist vorläufig unser Orientierungspunkt. Wir

Abenddämmerung am Fliegerdenkmal auf der Wasserkuppe.

Blick vom Heidelstein zur Wasserkuppe.

gehen zunächst ein kurzes Stück (etwa 200 Meter) auf einem Kiesweg steil aufwärts, bis uns ein Wegweiser mit der Aufschrift *Wasserkuppe* nach rechts führt. Leicht abwärtsgehend erreichen wir die Talstation eines **Skilifts**. Nach wenigen Metern gabelt sich der Weg: Wir gehen geradeaus weiter einen Wiesen- und Waldweg entlang, der sich kaum merklich ansteigend am Berg hinschlängelt. Er mündet nach etwa 500 Metern in einen befestigten Kiesschotterweg. Links aufwärts ist nun die Richtung, die wir einschlagen müssen, um nach ungefähr 1 km Aufstieg zu einer kleinen **Schutzhütte** (überdachte Ruhebank) zu gelangen. Hier wandern wir rechts hoch über einen leicht ansteigenden Wiesenweg bis zu einer Kreuzung, die sehr gut mit Wanderzeichen markiert ist. Wir verlassen nun den geologischen Wanderpfad (*weißes G auf blauem Grund*) und lassen uns von einem *roten Dreieck* über Mattenpfade leiten. Auf der rechten Wegseite taucht nach kurzer Zeit die kahle Kuppe des Pferdskopfs auf; ein kurzes Wegstück weiter sehen wir unmittelbar vor uns die Kuppeln der Radarstation **Wasserkuppe**. Unser Pfad mündet nach ungefähr 400 Metern in einen Querweg ein (Markierung *roter Winkel und rotes Dreieck*) – wir folgen dem leicht ansteigenden Weg bis kurz vor den Zaun der Radarstation. Über eine Wiese gehen wir etwa 200 Meter bis zum **Fliegerdenkmal** und genießen die herrliche Aussicht.
Wir folgen ca. 100 Meter dem Weg, der sich hinter dem Denkmal in Richtung Radarstation schlängelt, und biegen nach links ab. Durch Wald geht es nun mehr oder weniger steil abwärts bis zum Waldende. Unser Weg führt nun steil bergab über eine Wiese und durch einen Buchenwald zur Talstation des **Skilifts**. Von hier ist es nur noch ein Katzensprung zurück zum **Parkplatz**.

14 Von Gersfeld zum Roten Moor

Hochmoorwanderung

Gersfeld – Dr.-Hugo-Pfeiffer-Weg – Rotes Moor, 804 m – Moorlehrpfad – Kaskadenschlucht – Sandberg – Gersfeld

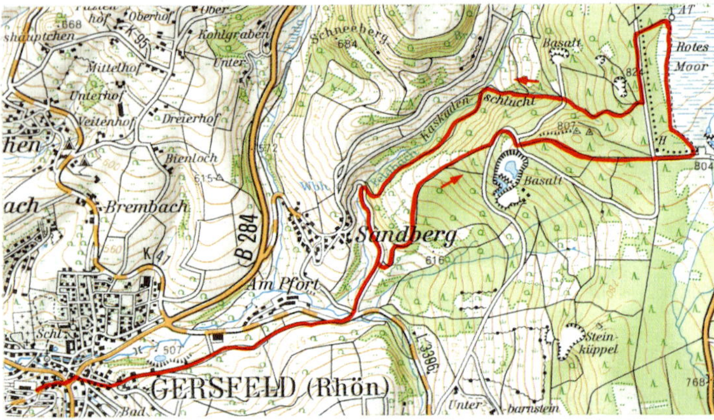

Ausgangspunkt: Bahnhof Gersfeld, 500 m, Anfahrt mit der Bahn oder mit dem Pkw von Fulda.
Parkmöglichkeit: Am Gersfelder Bahnhof, weitere Parkplätze im Ort.
Gehzeit: 4 – 4½ Std.
Höhenunterschied: Ca. 300 m.

Anforderungen: Flur- und Waldwege, stellenweise kräftig ansteigend.
Einkehrmöglichkeiten: Gaststätten in Gersfeld.
Sehenswertes: Schloß und Schloßmuseum, ev. Kirche, alte Fachwerkhäuser in Gersfeld, Moorwanderweg im Roten Moor.

Wir gehen vom **Bahnhof** die Bahnhofstraße entlang bis zur *B 279*, überqueren an der Ampel die Straße und folgen der Wasserkuppenstraße bis zur nächsten Ampelanlage. Hier halten wir uns rechts und gehen die Hochstraße aufwärts. An einer alten Brunnenanlage halten wir uns links (Heinrichstraße) und erreichen bald die letzten Höfe von Gersfeld. An einer Kreuzung stoßen wir erstmalig auf eine Wegmarkierung, die uns den Weg zum Roten Moor weist. Wir folgen dem *roten Dreieck* nun bis zur Straße Gersfeld – Mosbach *(L 3396)*, halten uns rechts und gehen etwa 150 Meter auf der Straße. Nach Überqueren des Pfortwassers können wir links in die Fluren abbiegen. Ein *Wegweiser* zeigt uns verschiedene Wege auf: Kaskadenschlucht – Rotes Moor, Rotes Moor – Heidelstein, Dr.-Hugo-Pfeiffer-Weg. Ungefähr 400 Meter verläuft unser Weg fast geradlinig auf dem Dr.-Hugo-Pfeiffer-Weg bis zu einem Wegedreieck. Hier lassen wir uns durch das Schild *Rotes Moor –*

Vielfältig ist die Vegetation im Roten Moor.

Heidelstein nach rechts leiten (*rotes Dreieck*). In weiten Serpentinen geht es hinauf – zunächst recht sanft, nach etwa 500 Metern dann allmählich steiler. Wir folgen dem stark ansteigenden Pfad aufwärts, bis er rechtwinklig auf eine Forststraße stößt, der wir nach links folgen. In einer Linkskurve gehen wir geradeaus. Hier müssen wir besonders auf die Markierung an der linken Wegseite achten, denn durch Äste und Blattwerk ist sie leicht verdeckt. Ungefähr 50 Meter weiter ist sie wieder gut sichtbar. Links aufwärts führt nun unser Pfad, und nach etwa 1 km erreichen wir eine große Kreuzung mit einem informativen *Wegweiser*. Wir gehen unseren Weg etwa 300 Meter in gerader Richtung und erblicken auf der linken Wegseite etwas abseits eine größere **Schutzhütte**, die gleichzeitig das Moor-Informationszentrum beherbergt. Ein nicht übersehbares Holzschild kündet von dem **Moorlehrpfad Rotes Moor**. Ab hier schlängelt sich unser Weg als Bohlenpfad durch einen Teil des NSG. Tafeln informieren uns über Flora, Fauna und Schutz der Moorvegetation. Wenn wir dann wieder den Hauptweg erreichen, halten wir uns links in Richtung Gersfeld. Nach wenigen Metern zeigt uns ein Wegweiser den Einstieg in die **Kaskadenschlucht**. Wir folgen nun einem *blauen Winkel*, der uns durch die 2 km lange, wildromantische Schlucht leitet. Mal links, mal rechts begleitet uns der Feldbach mit seinem Rauschen und Plätschern. Am Ende der Schlucht weitet sich das Tal, und wir genießen einen wunderbaren Blick auf die Ortschaft Sandberg. Am Waldrand halten wir uns links und erreichen nach ungefähr 500 Metern das Wegedreieck, wo unser Pfad wieder auf den *Dr.-Hugo-Pfeiffer-Weg* stößt. Von jetzt ab gehen wir auf bekannten Pfaden zurück nach **Gersfeld**.

15 Über die Matten der Hochrhön

Wanderung im »Land der offenen Fernen«

Parkplatz Schornhecke – Heidelstein, 913 m – Hochrhönstraße – Steinernes Haus, 750 m – Maihügel, 775 m – Thüringer Hütte, 600 m – Stirnberg, 860 m – Schornhecke

Ausgangspunkt: Schornhecke, 830 m, Anfahrt von Wüstensachsen über die Straße Richtung Oberelsbach (bzw. von Oberelsbach Richtung Wüstensachsen), von Fladungen und Bischofsheim über die Hochrhönstraße.
Parkmöglichkeit: Parkplatz Schornhecke.
Gehzeit: 4½ Std.
Höhenunterschied: Ca. 310 m.
Anforderungen: Forst- und Flurwege.
Einkehrmöglichkeiten: Thüringer Hütte (Dienstag Ruhetag), Kiosk am Steinernen Haus (Basaltsee).
Sehenswertes: Wunderbare Panoramablicke in die hessische und bayerische Rhön. Basaltsäulenformationen am Steinernen Haus.

Wir verlassen den **Parkplatz Schornhecke** in Richtung Straße Wüstensachsen – Oberelsbach. Ein *Wegweiser* auf der gegenüberliegenden Straßenseite zeigt uns den Weg zum Heidelstein. Ein *offener roter liegender Tropfen* (Zeichen des Rhön-Höhenwegs) ist unser Richtungsweiser. Über Mattenpfade gehen wir aufwärts. Nach etwa 1 km erreichen wir den **Heidelstein**. Ein

Blick vom Stirnberg.

Schild am Weg verweist auf die Totengedenkstätte des Rhönklubs – schon nach wenigen Metern stehen wir vor der Basaltsteingruppe des Ehrenmals. Wir gehen links an dem Mahnmal vorbei und stoßen auf einen Wanderweg, der mit einem *roten ausgefüllten Dreieck* gekennzeichnet ist (HWO 5). Hier halten wir uns links und folgen der Wegemarkierung, die uns bis zur **Hochrhönstraße** abwärts leitet. Wir überqueren die Straße und halten uns rechts auf dem Wiesenpfad parallel der Straße nach Ginolfs. Nach 300 Metern biegen wir links ab, folgen dem abwärtsführenden Wiesenweg und erreichen nach etwa 1 km den Basaltsee **Steinernes Haus**. Die Freizeitein-

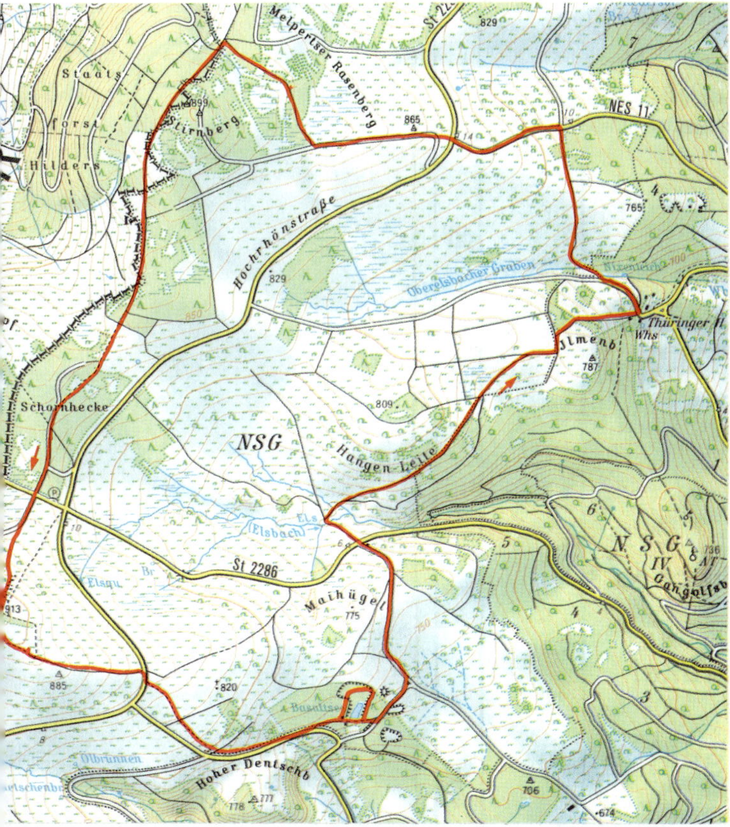

richtungen des Naturparks laden uns zur Rast ein. Am Nordrand des ehemaligen Steinbruchs sollten wir uns unbedingt die Basaltsäulenformationen ansehen (Abstecher ca. 15 Min.).
Unser Wanderweg verläuft nun parallel der alten Steinbruchzufahrtsstraße über Wiesen und Matten bis zu der ungefähr 1 km entfernten Straße Wüstensachsen – Oberelsbach. Hier verlassen wir den mit rotem Dreieck markierten Wanderweg und folgen dem Wegweiser *Ilmenberg/Thüringer Hütte*. Nach wenigen Metern überqueren wir den Elsbach auf einer Brücke. Hinter der Brücke steht ein Holzwegweiser »Thüringer Hütte« mit Markierung *blaues ausgefülltes liegendes Dreieck*. Etwa 3 km wandern wir über Wiesen- und Mattenwege bis zur **Thüringer Hütte**.
Von dort gehen wir weiter auf der Asphaltstraße – ein *grüner Winkel* weist uns den Weg. Nach ca. 300 Metern biegen wir rechts auf einen Kiesweg ein, ändern nach weiteren 200 Metern die Richtung nach links und erreichen nach ungefähr 1 km die **Hochrhönstraße**. Wir überqueren die Hochrhönstraße und gehen auf einem Schotterweg etwa 1 km weiter bis zu einem *Wegweiser* »Heidelstein, Wasserkuppe, Wüstensachsen«. Diesem folgen wir in der angegebenen Richtung nach rechts und gehen über einen Wiesenpfad bis zum Waldrand. Der *grüne Winkel* ist noch immer unser Begleiter. Nach ca. 1 km gelangen wir an den gegenüberliegenden Waldrand – wir befinden uns nun auf dem **Stirnberg** (schöne Aussicht ins Ulstertal). Ein großer Wegweiser zeigt uns, daß hier ein Schnittpunkt verschiedener Wanderwege ist (siehe Abb. S. 11). Wir halten uns nach links und folgen dem *roten offenen liegenden Tropfen*, das Zeichen des Rhön-Höhenweges (RHW). Waldwege wechseln mit Wiesenwegen, historische Grenzsteine (Landesgrenze Preußen – Bayern, heute Hessen – Bayern) begleiten unseren Weg abwärts. Nach ungefähr 4 km erreichen wir den **Parkplatz Schornhecke**, unseren Ausgangspunkt.

Der Sender Heidelstein ist ein markanter Aussichtspunkt der Hochrhön.

16 Rund um den Rothsee

Naturkundlicher Wanderweg am Bauersberg

Parkplatz Rothsee – Bauersberg – Auf der Landwehr – Leimerhecke – Holzberghof – Teufelsmühle – Rothsee

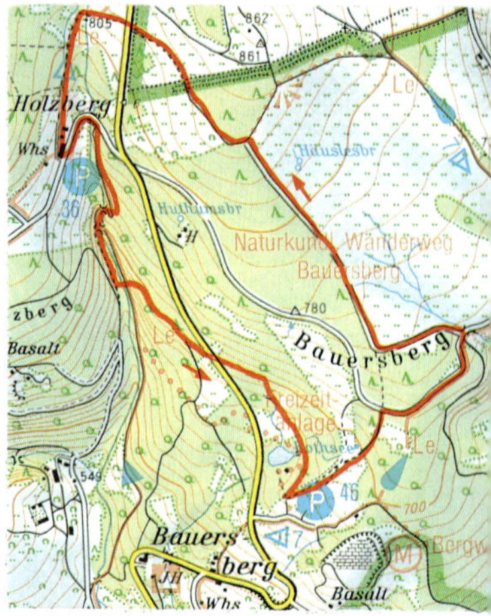

Ausgangspunkt: Parkplatz Rothsee.
Gehzeit: 2½ – 3 Std.
Höhenunterschied: Ca. 170 m.
Anforderungen: Leicht begehbare Wald- und Wiesenwege, für Familien mit Kindern gut geeignet.
Einkehrmöglichkeiten: Clubhaus des Angelsportvereins am Rothsee, Holzberghof.
Sehenswertes: Alter Braunkohlenstollen in der Nähe des Rothsees.

Vom **Parkplatz Rothsee** gehen wir zunächst in östlicher Richtung – auf dem Weg zum alten Bergwerk »Grube Einigkeit«, das wir rechts liegen lassen – bis zum Wald. Ein *blauer ausgefüllter Tropfen* ist vorläufig unsere Wegemarkierung. Von Zeit zu Zeit sehen wir rechts und links des Weges Tafeln mit Erklärungen über Forstwirtschaft und Natur. Wir erreichen einen Schotterweg, den wir nach rechts bis zum Waldrand verfolgen. Hier führt der naturkundliche Wanderpfad in gerader Richtung weiter, wir jedoch biegen nach links ab und folgen einem mäßig ansteigenden Wiesenweg etwa 2 km bis zu einer Wegegabelung am Waldrand. Nach rechts ist der Heidelstein ausgeschildert. Wir halten uns halblinks, durchqueren das kurze Waldstück und gelangen in das **NSG Lange Rhön**. Einem kleinen Wiesenpfad folgen wir nun bis zur Hochrhönstraße, die von Bischofsheim nach Fladungen führt. Südlich der **Leimershecke** überqueren wir die Straße und gehen leicht talwärts bis zu einer Wegeschranke. Kurz hinter der Sperre halten wir uns links und gehen fast in gerader Nord-Süd-Richtung bis zum **Holzberghof**. Im ehemaligen Jagdschloß der Würzburger Bischöfe, das heute eine Gaststätte beherbergt, können wir einkehren (siehe Abb. S. 2).
Der befestigten Versorgungsstraße folgen wir etwa 300 Meter und lenken unsere Schritte nach rechts im wasserdurchflossenen Waldtal hinab zur **Teufelsmühle**, einem kleinen Wasserfall. Die *Wegweiser* des naturkundlichen Wanderpfades führen uns leicht ansteigend nach links bis zur Hochrhönstraße, die wir abermals überqueren. Nach etwa 300 Metern auf einem

Der Rothsee ist ein beliebtes Ausflugsziel in der Bayrischen Rhön.

Wiesenpfad gelangen wir an das Nordufer des **Rothsees**. Der Rundweg um den See führt uns zum bewirtschafteten Clubhaus des Angelsportvereins Bischofsheim, wo wir zum Abschluß unserer Wanderung noch einkehren können.

17 Von Merkers nach Vacha

Kombinierte Erlebnisfahrt und Wanderung

Merkers – Erlebnisbergwerk – Dietlas – Vacha – Dorndorf – Merkers

Talort: Merkers, 234 m, traditionsreicher Kalibergbauort an der Werra.
Ausgangspunkt: Bahnhof bzw. Parkplatz gegenüber dem Bahnhof an der B 62.
Parkmöglichkeit: Zahlreiche Parkmöglichkeiten zwischen Bahnhof und dem 1993 stillgelegten Kaliwerk.
Gehzeiten: Führung im Erlebnisbergwerk ca. 4 Std.; Wanderung Merkers – Dietlas – Vacha (10 km) 3 Std.; kleiner Stadtrundgang in Vacha (1,5 km) 1 Std.; Bahnrückfahrt Vacha – Merkers (8,3 km) 13 Min.
Höhenunterschied: Ca. 200 m.
Anforderungen: Der Bergwerksbesuch muß langfristig vereinbart werden: Tel. (036969) 841 01. Keine besonderen Anforderungen bei der Grubenfahrt. Festes Schuhwerk mitbringen; Arbeitsschutzkleidung wird gestellt. Unter Tage Kfz-Personentransport. Versierte Führer. Bei Wanderung gute Wege, aber mit starken Steigungen. Markierung: Ab Merkers grüner Winkel auf weißem Spiegel, ab Spitzkehre vor Martinroda gelber waagerechter Balken auf weißem Spiegel.
Einkehrmöglichkeiten: »Bergmanns-Stübel« (Mo Ruhetag) und andere Gaststätten in Merkers; Ghf. Eckes in Dietlas (Di und Mi Ruhetage); verschiedene Gaststätten in Vacha.
Sehenswertes: Kaligrube unter Tage, unter anderem mit Ausstellung Kalibergbau und einzigartige Kristallgrotte; wunderschöne Ausblicke bei Wanderung und Bahnfahrt; interessante historische Bauten der Stadt Vacha.

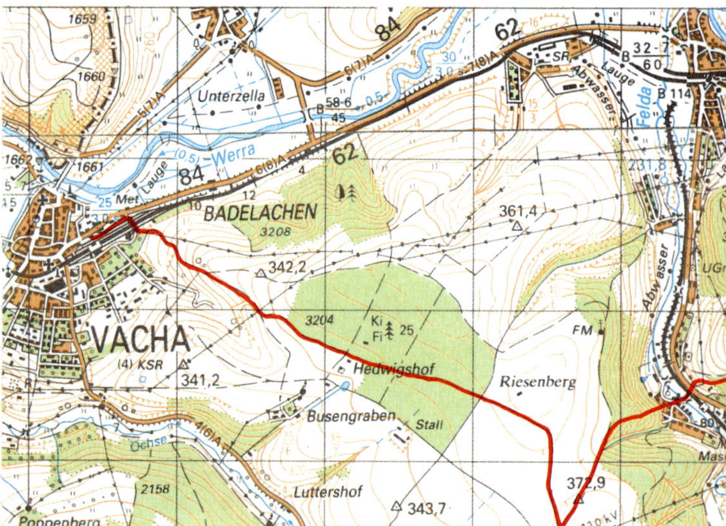

Blick auf das Kaliwerk Merkers.

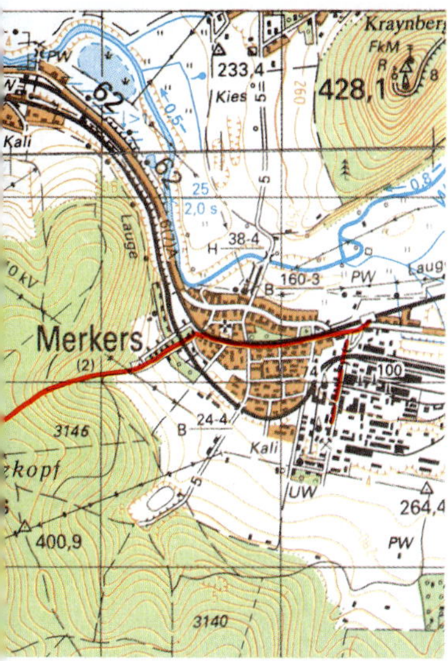

Nach der Ankunft in Merkers melden wir uns erst einmal an für die zuvor vereinbarte Bergwerksfahrt. Im Anschluß an Instruktion, Umkleiden und Seilfahrt werden etwa 20 km erlebnisreiche Grubenfahrt in bis zu 750 Meter Tiefe geboten. Höhepunkt ist der Besuch einer Grotte mit Salzkristallen erheblicher Größe. Wegen ihrer Einmaligkeit und Schönheit wird der Eindruck zu einem bleibenden Erlebnis.

Nach der Grubenfahrt ist eine Wanderung durch die Rhönlandschaft eine gute Bereicherung des Tagesprogramms. Aus dem **Kaliwerk** kommend, wenden wir uns nach links in die Goethestraße, gehen in die fünfte linke Querstraße (am Bahnübergang rechts Ampel), wo die Markierung beginnt. Nach der

Oben: Alte Fachwerkhäuser in Dietlas.
Rechts: Versteckt hinter Häusern – ein alter Stadtmauerturm in Vacha.

Unterführung am Wald öffnet sich ein schöner Rückblick – dann folgt ein steiler Anstieg und hinter dem Kamm ein ebenso steiler Abstieg in das Dorf **Dietlas**, einen ehemaligen Kalistandort, wo heute Bergwerksmaschinen produziert werden. Die Route führt über die *B 285* und die Feldabrücke; nach Verlassen des Ortes geht es wieder steil bergan bis vor das Dorf **Martinroda**. An der ersten Weggabelung befindet sich bei einer einzelstehenden Linde eine Sitzgruppe. Wir genießen den Blick nach Süden und Westen. Vor uns baut sich der vom Basaltabbau veränderte Öchsenberg auf, einst 630 m, jetzt noch 612 m hoch, links daneben der Dietrichsberg, 669 m, der einen ähnlichen Wandel erdulden muß. Wir folgen nun in einer Spitzkehre dem markierten Weg und erreichen in etwa 1 Stunde **Vacha**. Durch die Unterführung nach links finden wir bald den Bahnhof, von dem aus die Rückreise über Dorndorf, einem weiteren ehemaligen Kalistandort, nach Merkers erfolgt.
Wer noch gut bei Kräften ist, dem ist zusätzlich ein Rundgang durch die Stadt Vacha zu empfehlen: Über Bahnhofstraße, Turmstraße (Burg Wendelstein, 1260, mit Heimatmuseum), Werrabrücke (1342), Kirchplatz, Marktplatz (St.-Vitus-Brunnen und Widemark, 1613), Heyligenstädtstraße, Steinweg (Friedhofskapelle, Ende 14. Jh.), August-Bebel-Straße, Völkershäuser Straße nach links und hinter dem Bahnübergang rechts wieder zum Bahnhof.

18 Rund um den Öchsenberg

Eine Wanderung mit idyllischer Einkehrmöglichkeit

Vacha – Poppenberg – Goldene Aue – Vacha

Talort: Vacha, 230 m, thüringisch-hessische Grenzstadt an der Werra mit langer geschichtlicher Tradition.
Ausgangspunkt: Platz bzw. Bushaltestelle am Schwimmbad (Freibad), am Südende der Stadt im Öchsetal, am Fuße des Öchsenberges. Zu erreichen über die B 84 oder vom Bahnhof aus links über Busbahnhof, Völkershäuser Straße (links), August-Bebel-Straße (rechts), Frankfurter Straße (links, B 84). Bei einem vorherigen Stadtrundgang vgl. Tour 17.

Parkmöglichkeit: Parkplatz am Schwimmbad.
Gehzeiten: Bahnhof – Schwimmbad ca. 25 Min.; Rundwanderung Schwimmbad – Poppenberg (1 km) gut ¼ Std., Poppenberg – Waldgasthof »Goldene Aue« (2,5 km) ¾ Std., Waldgasthof »Goldene Aue« – Vacha (5 km), 1½ Std.; Gesamtgehzeit (8,5 km) 2½ Std.; zusätzlicher kleiner Stadtrundgang ca. 1 Std.
Höhenunterschied: Ca. 300 m.
Anforderungen: Festes Schuhwerk erforderlich. Starke Steigung im 1. Teil der Wanderung. Die Route ist für Familien besonders geeignet. Durchgehende Markierung des Rundwanderweges ist die gelbe 1 in gelbem Ring auf weißem Spiegel, zusätzlich vom Schwimmbad bis zur Goldenen Aue grünes Quadrat auf weißem Spiegel und auf einem Teil des Rückweges roter Winkel auf weißem Spiegel (HSN = Hauptwanderweg Süd-Nord bzw. Main-Werra).
Einkehrmöglichkeiten: Waldgasthof »Goldene Aue« mit gutem Speisenangebot und Übernachtungsmöglichkeit; verschiedene Gaststätten der Stadt Vacha.
Sehenswertes: Herrliche Ausblicke, vor allem über Vacha und Sünna in die vorgelagerte Landschaft weit nach Norden, Süden und Westen; Reste des Basaltabbaus am Öchsenberg; historische Baudenkmäler der Stadt Vacha.

Der Öchsen, ein Basaltberg von ehemals 630 m, jetzt nur noch 612 m Höhe, trug auf seinem früher vom sogenannten Bismarck-Turm gekrönten Gipfelplateau eine keltische Ringwallanlage, die bis auf etwa 480 m hinunter reichte. Durch radikalen Basaltabbau erfolgte die heute sichtbare Zerstörung.

Die »Widemark«, das historische Rathaus von Vacha.

Die Rundwanderung beginnt am **Vachaer Schwimmbad** im Öchsetal. Wer am Bahnhof bzw. Busbahnhof eintrifft, folgt der unter »Ausgangspunkt« beschriebenen Wegstrecke. Möglich ist aber auch zuerst ein kleiner Stadtrundgang über Bahnhofstraße (links), Turmstraße (rechts) zur Burg Wendelstein (1260) mit interessantem Heimatmuseum, dann zur Werrabrücke (1342) und über den Kirchplatz und Marktplatz (St.-Vitus-Brunnen und Widemark, 1613), immer geradeaus auf der B 84 bis zum Schwimmbad. Zunächst ist – am Gehöft **Poppenberg** vorbei – eine starke Steigung bis zum Waldrand zu überwinden, wo sich ein herrlicher Ausblick bietet. Alsdann führt der Weg an der Westseite des Öchsen durch Mischwald bis auf eine Straßengabelung. Rechts unter uns liegt das Dorf Sünna, dahinter der Ulsterberg, 487 m. Wir wenden uns nach links. Am rechten Abzweig gehen wir geradeaus weiter und erreichen in wenigen Minuten den idyllisch gelegenen Waldgasthof **Goldene Aue**. Von dort geht es zur sogenannten »Spinne«, wo mehrere Wege zusammentreffen. Wir folgen der Route durch hohen Buchenwald bis auf etwa 520 Meter Höhe. Unter uns schimmern durch die Bäume die Häuser des Dorfes Völkershausen, das vor wenigen Jahren durch einen Gebirgsschlag im untertägigen Kalibergbau schwer beschädigt wurde. Es geht weiter, fast stetig absteigend, an den noch erkennbaren Spuren des Basaltabbaus vorbei. In der Nähe des ehemaligen Basaltwerkes bietet uns eine überdachte Sitzgruppe rechts des Wanderweges eine Gelegenheit zur Rast – der Blick schweift bis hinüber zum nördlichen Thüringer Wald. Der Abstieg geht weiter, z.T. über Treppen und auf altem Wanderweg bis hinunter zur Öchsebrücke. Wer den Stadtrundgang noch nachholen möchte, kann leicht von der Brücke aus zur Völkershäuser Straße und ins Stadtinnere gelangen (Markierung *roter Winkel*). Die Route der Rundwanderung dagegen führt nun noch 1 km an der Öchse entlang bis zum Ausgangspunkt.

19 Bad Salzungen

Rundwanderung zum Hundskopf und durch die Dörfer, die jetzt südliche Stadtteile von Bad Salzungen sind

Bad Salzungen – Hundskopf, 380 m – Hohleborn – Langenfeld – Kaltenborn – Wildprechtroda – Bad Salzungen

Talort: Bad Salzungen, 240 m; geschichtsträchtiger Ort an der Werra zwischen Thüringer Wald und Thüringischer Rhön, Kreisstadt und Soleheilbad.
Ausgangspunkt: Hochhaus »An den Beeten«, zu erreichen vom Bahnhof aus: links abbiegen über Bahnhofstraße, Sandweg (links), Leimbacher Straße (rechts), Clara-Zetkin-Straße (links) oder bei Pkw-Anfahrt über die B 62, die am Neubaugebiet »An den Beeten« als Leimbacher Straße (s.o.) die Clara-Zetkin-Straße im rechten Winkel anbindet.
Parkmöglichkeit: Parkplatz zwischen Platz am Hochhaus und Park-Zufahrtstraße »Untere Beete« bzw. andere Parkplätze der Kurstadt.
Gehzeiten: Bahnhof bis Hochhaus ca. 10 Min.; Rundwanderung Hochhaus – Hundskopf (6 km) knapp 2 Std., Hundskopf – Hohleborn (1 km) ¼ Std., Hohleborn – Langenfeld (2 km) ½ Std., Langenfeld – Kaltenborn (2 km) ½ Std., Kaltenborn – Wildprechtroda (3,5 km) 1 Std., Wildprechtroda – Bad Salzungen/Hochhaus (4 km) 1½ Std.; Gesamtgehzeit (18,5 km) 5¾ Std.
Höhenunterschied: Ca. 140 m.
Anforderungen: Gut begehbare Wege und Straßen bei allerdings wenig Wind- und Sonnenschutz; bei feuchter Witterung entsprechendes Schuhwerk anziehen. Markierung: Hochhaus bis Hundskopf roter Balken auf weißem Spiegel, Hundskopf bis Bad Salzungen gelber Balken auf weißem Spiegel.
Einkehrmöglichkeiten: Waldgasthof Hundskopf (Do–Sa ab 15 Uhr, So ab 10 Uhr; weitere Information bei Gaststätte Weißes Roß, Leimbach, Tel. 03695 / 4125), Gaststätten »Adam« und »Zur Linde« in Langenfeld, Landgasthof Schäfer in Kaltenborn, Gaststätte »Zur Linde« in Wildprechtroda sowie Gaststätten und Cafés in Bad Salzungen.
Sehenswertes: Gute Fernsicht; Schloß Wildprechtroda; See im Stadtzentrum; zahlreiche historische Gebäude.

Vom **Hochhaus** (ca. 250 m) gelangen wir durch das Neubaugebiet in den Zellerodaer Grund, dann im Anstieg zwischen Wohnhäusern auf freies Feld. Vom Höhenweg öffnet sich ein schöner Blick ins Werratal mit Krayenberg und rückwärts über Bad Salzungen zum Thüringer Wald. Wenige Schritte weiter ein idyllischer Rastpunkt in der »Leimbacher Schweiz«. Wir durchschreiten nach kurzem Abstieg den Leimbach-Talgrund und wandern bachaufwärts, dann in weitem Bogen durch Nadelwald zum *Hundskopfweg.* Am Waldrand genießen wir den Thüringer-Wald-Blick. In etwa 10 Minuten ist das Waldgasthaus am **Hundskopf** erreicht. Die Route führt uns nun in steilem Abstieg nach **Hohleborn**, dann über eine asphaltierte Straße, die wir bei zwei einzelstehenden Linden rechts über einen Feldweg verlassen, nach **Langenfeld**. Wir gehen in den Sandweg nach rechts, überqueren die Hauptstraße, gelangen durch die Alte Gasse, die Borngasse und die Friedhofstraße in Richtung **Kaltenborn**, das man über einen sandigen Weg

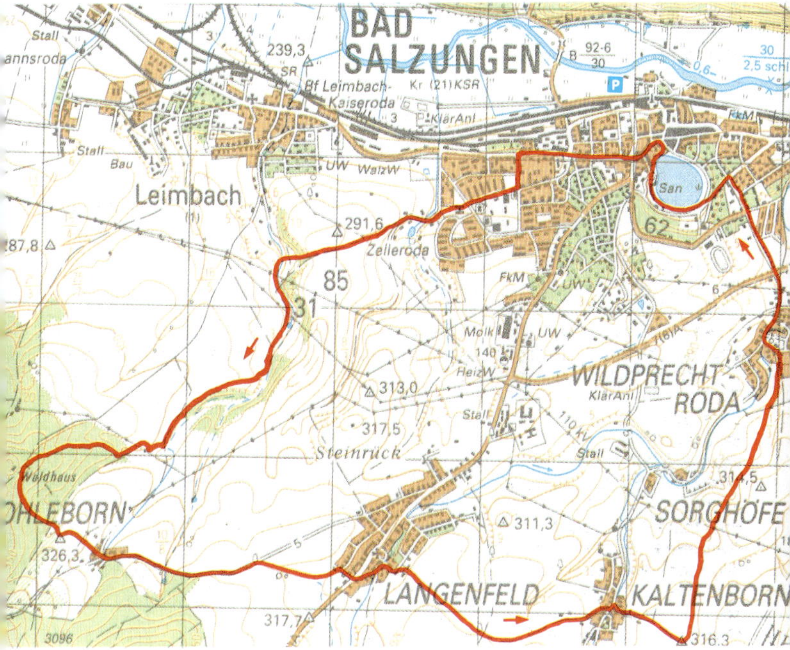

in etwa einer halben Stunde erreicht. Über den Kirchenweg und die Straße »Zum Pleß« geht die Rundwanderung – in einer Senke links unmittelbar am Bundeswehr-Sperrgebiet vorbei – auf dem bequemen *Pleßweg* nach **Wildprechtroda**, wo das Schloß (ehemals Wasserburg) mit seinen Gebäuden aus dem 16.–18. Jh. besonders ins Auge fällt. Über den *Dammweg* links in die Querstraße und dann wieder rechts. Entlang der Geschwister-Scholl-Straße wandern wir weiter und sehen am Ortsausgang die Neubauten von Bad Salzungen jenseits der Hersfelder Straße. Wir gehen über die große Ampelkreuzung geradeaus weiter und verlassen die gelbe Markierung. Ca. 5 Minuten später biegen wir links in die Burgseestraße. Die Uferpromenade lädt uns zu einem Gang um den herrlichen, durch Salzauslaugung entstandenen See ein. Vorbei an den Kurhausgebäuden und dem Burgberg (links) mit Schnepfenburg (12./14. Jh., 1792 neu, heute Kreisgerichtssitz), Haunschem Hof (Anf. 17. Jh., heute Bibliothek) und Stadtkirche (1791), beenden wir über Marktplatz (barockes Rathaus, 1790), Ratsstraße und Leimbacher Straße unsere Rundwanderung.

20 Von Stadtlengsfeld nach Dermbach

Wanderung mit Eisenbahnrückfahrt

Stadtlengsfeld – Baiershof – Baier, 714 m – Emberg – Eppersberg – Unteralba – Dermbach

Altes Backhaus in Dermbach.

Talort: Stadtlengsfeld, 275 m; Kurort im Tal der Felda in der thüringischen Rhön.
Ausgangspunkt: Vom Bahnhof der Stadt nach rechts und gleich wieder links zur Eisenacher Straße (B 285), dieser rechts folgend in Richtung Dermbach.
Parkmöglichkeit: Bei Pkw-Anreise Nutzung verschiedener Parkplätze im Stadtbereich möglich.
Gehzeiten: Wanderung Bahnhof Stadtlengsfeld – Baiershof (6 km) 1¾ Std., Baiershof – Emberg (4,5 km) gut 1¼ Std. (Abstecher zum Baier = 2 x 1,5 km in gut 1 Std.), Emberg – Unteralba (3,5 km) 1 Std., Unteralba – Bahnhof Dermbach (1,5 km) knapp ½ Std.; Gesamtgehzeit (15,5 km) 4½ Std.; Bahnfahrt Dermbach – Stadtlengsfeld (9,5 km) 16 Min.
Höhenunterschied: Ca. 300 m (440 m).
Anforderungen: Festes Schuhwerk erforderlich, Weg und Steigungen sind jedoch gut begehbar. Ein Abstecher zum Gipfel des Baier ist nur bei guter Kondition zu raten. Es empfiehlt sich, ausreichend Proviant mitzuführen, da auf der Wanderung unterwegs keine Einkehrmöglichkeit besteht. Markierung: Die Route folgt zunächst einer Markierung mit rotem offenen Ei (RHW) und rotem Balken auf weißem Spiegel und ab Emberg dann nur noch dem Zeichen rotes volles Dreieck (HWO1).
Einkehrmöglichkeiten: Gute und traditionsreiche Gaststätten in Stadtlengsfeld und Dermbach, Gaststätte »Zum Baier« in Unteralba (Di Ruhetag).
Sehenswertes: Herrliche Ausblicke ins Feldatal und auf die Berge im Osten und Süden; Wasserburg (heute Burgklinik) aus dem 19. Jh. und Barockkirche (um 1790) in Stadtlengsfeld; Fachwerkhäuser, evangelische Kirche (um 1707), katholische Barockkirche (1731–36) und Heimatmuseum in Dermbach.

Wir beginnen unsere Wanderung am Bahnhof in **Stadtlengsfeld**. Die Route führt uns auf der *B 285* über den Markt, an der Barockkirche vorbei und über die Feldabrücke in Richtung Dermbach. Etwa 250 Meter hinter der Unterführung zweigt rechts die Straße *Roter Graben* ab, auf der wir den Ort verlassen. An der Weggabelung gehen wir dann nach links und genießen am Waldrand den herrlichen Ausblick auf Stadtlengsfeld. Es geht nun steil bergan, bis sich der Weg nahezu gerade fortsetzt auf bequemen Waldwegen mit z.T. mäßigem Anstieg. Die Route mündet in den Fahrweg Hohenwart – Baiershof, dem wir nach links folgen. Durch Buchenwald, vorbei an Hügelgräbern, geht es nun zum **Baiershof**, 475 m. Etwa 200 Meter hinter dem Gehöft setzt sich stark ansteigend in nahezu rechtem Winkel die Route durch Buchenwald fort. – Hinter einem Quellschutzgebiet ist der Aufstieg zum imposanten **Baier** möglich, der eine keltische Ringwallanlage trägt. – Wir gehen den Hangweg weiter und genießen beim ersten Austritt aus dem Wald einen herrlichen Blick auf die südlichen Berge. Dann geht es weiter, z.T. über Wiesenwege, und dann quer über die Landstraße zum **Emberg**, 499 m, vorbei am

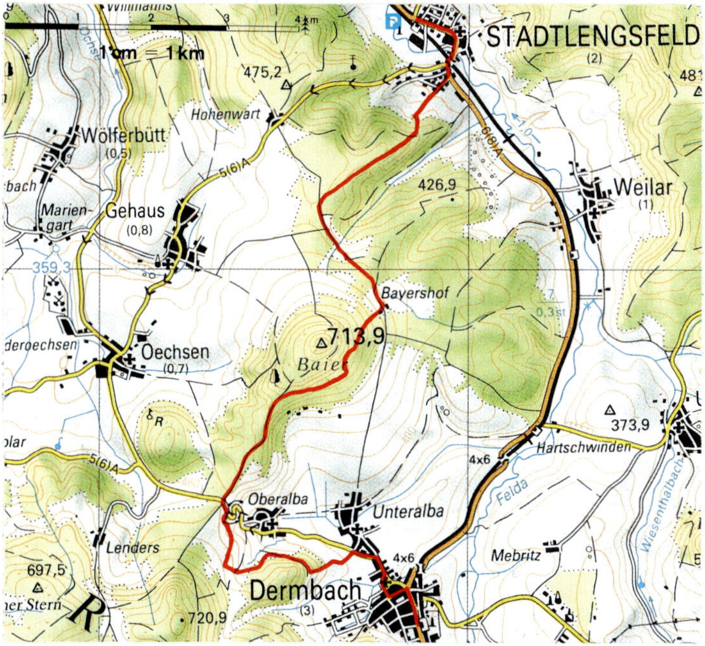

Steintisch einer ehemaligen Zollstation und am ehemaligen Landwehrgraben (Höhl). Mehrere Rastpunkte laden bei herrlichem Panorama zum Verweilen ein. Im Zickzack wandern wir nun weiter über Wiesenwege hinüber zum **Eppersberg** und lassen die Hessenkuppe, 690 m, mit ihrer besonders gut erhaltenen Ringwallanlage südlich von uns liegen. Wir kreuzen den Weg von **Oberalba**, der als Rhönhöhenweg weiter in Richtung Andenhausen führt, und folgen geradeaus der Markierung für den Rhönklub-Hauptwanderweg West-Ost (*HWO 1*). Durch Buchen- und Fichtenwald gelangen wir zunächst auf bequemen Waldwegen und dann in steilem Abstieg auf die asphaltierte Landstraße und wenden uns vor dem Dorf **Unteralba** nach rechts dem Ort **Dermbach** zu. Durch Geisaer Straße, Schloßberg (rechts), Marktstraße (rechts) und Bahnhofstraße (links) gelangen wir zum Bahnhof, an welchem wir mit der Feldabahn die Rückreise nach **Stadtlengsfeld** antreten.

Links: Die katholische Pfarrkirche von Dermbach.
Unten: Fachwerkkirche in Oberalba.

21 Von Breitungen zur Frankenburg

Wanderung ins Pleßgebiet

Breitungen – Pleß, 644 m – Ruine Frankenburg – Breitungen

Talort: Breitungen, 240 m; große Gemeinde an der Werra. Ehemals drei Ortsteile: am rechten Werraufer Altenbreitungen und Herrenbreitungen, Frauenbreitungen links des Flusses. Die Namen Frauen- und Herrenbreitungen sind von den dort begründeten Nonnen- und Mönchsklöstern abgeleitet. Interessante Baudenkmäler.

Ausgangspunkt: Ortsteil Knollbach. Zufahrt über Bahnhof, durch die Bahnunterführung rechts. Etwa 1 km.

Parkmöglichkeit: Wanderparkplatz am Beginn der Wanderwege.

Gehzeiten: Knollbach – Pleßgipfel 2 Std. Rückwanderung auf der Aufstiegsroute 1½ Std. Rückwanderung über Ruine Frankenburg 2½ Std. Gesamtgehzeiten 3½ Std. bzw. über die Ruine Frankenburg 4½ Std. Bei einem Abstecher in das Dorf Helmers 1 Std. zugeben.

Höhenunterschied: 404 m.

Anforderungen: Gut begehbare Forst- und Waldwege. Keine nennenswerten Schwierigkeiten. Gebiet wird teilweise als Truppenübungsplatz genutzt, bitte Hinweisschilder beachten!

Einkehrmöglichkeiten: Nur in Breitungen oder Helmers.

Sehenswertes: Naturschutzgebiet Breitunger Seen. Reiche Vogelwelt. Der schön bewaldete Pleß ist der nordöstlichste Pfeiler des Rhöngebirges. Ruine Frankenburg bei Helmers aus dem 12. Jh. In Helmers und Breitungen Fachwerkbauten. Die botanische Vielfalt.

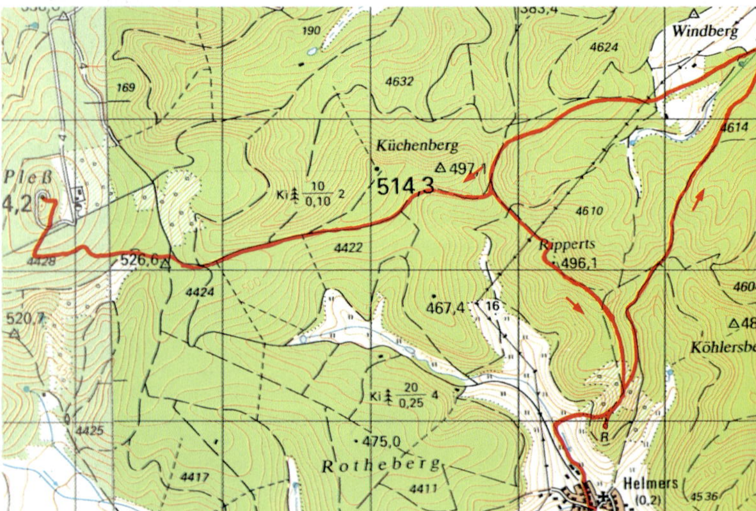

Die Ruine Frankenburg über Helmers.

An einer klaren Quelle hinter dem Weiler **Knollbach** beginnt der Aufstieg über einen kiesigen Waldweg: Markierung *grüner Winkel*; genügend Wegweiser vorhanden. Beidseitig von Wald bestanden, führt er uns hinauf zur **Kilianskuppe**, 497 m. Ein kurzer Abstecher zum markanten Aussichtspunkt, der uns einen schönen Blick hinunter ins Werratal bietet, wird empfohlen. Über Küchenberg, Nasse Talwand, Roter Stock und Dornschlag gelangen wir zur Pleßtannenwiese unterhalb des eigentlichen Gipfels, der den markanten Telekomturm trägt. Bis zum **Gipfel** sind es nochmals 20 Minuten. Vom Sockelfundament des alten, leider zerstörten Pleßturms hat man eine hervorragende Rundumsicht.

Die **Rückwanderung** erfolgt auf der Aufstiegsroute oder über die Ruine Frankenburg. Im zweiten Fall nehmen wir den an der **Kilianskuppe** nach rechts abbiegenden Waldweg, der mit einem *Tropfen mit senkrechtem Strich* markiert ist. Durch stille Waldeinsamkeit wandernd, sind wir in etwa einer Dreiviertelstunde an der **Ruine**. Bis zum Dorf **Helmers**, das unter uns im Tal der Rosa liegt, braucht man eine knappe halbe Stunde. Der Rückweg von der Ruine nach Breitungen erfolgt auf den ersten 300 Metern auf demselben Pfad. An der ersten Weggabelung benutzen wir dann die rechte Abzweigung, die von hier mit einem *Dreieck* gekennzeichnet ist. Nach etwa 2 Kilometern treffen wir unterhalb des Schloßbergs erneut auf eine Gabelung und wählen ab hier den nach links führenden Abzweig, der einen *Tropfen* als Markierung trägt. In ca. 40 Minuten sind wir zwischen Landwehr und Knollbacher Grund wieder am **Ausgangspunkt** angelangt.

22 Von Dermbach auf den Gläserberg

Wanderung der schönen Aussichten

Dermbach – Emberg – Rhönhöhenweg – Steinberg – Gläserberg, 670 m – Föhlritz – Hirtentränke – Karl-Friedrich-Stein – Dermbach

Vom Gipfelkreuz des Gläserberges hat man eine gute Rundumsicht.

Ausgangspunkt: Dermbach, 365 m; Erholungsort im mittleren Feldatal, an der B 285 gelegen.
Parkmöglichkeit: Auf Parkplätzen und in Nebenstraßen des Ortes.
Gehzeiten: Dermbach – Emberg 1 Std., Emberg – Forsthaus Steinberg über den Rhönhöhenweg 1 Std., weiter zum Gläser über den Höhenweg Süd-Nord (Main-Werra-Weg) 3/4 Std., Abstieg über Föhlritz und Rückweg nach Dermbach 1 1/2 Std.; Gesamtgehzeit 4 1/4 Std.
Höhenunterschied: 305 m.
Anforderungen: Angenehme Forst-, Wald- und Wiesenwege.
Einkehrmöglichkeiten: Gasthäuser und Hotels in Dermbach (hier auch Übernachtungen möglich), Gasthöfe in Unteralba, Oberalba und Föhlritz.
Sehenswertes: Dermbach mit denkmalgeschütztem Marktplatz, barockem Schloß von 1707 und Rhönheimatmuseum. Sehenswerte katholische Kirche (1731–36) und altehrwürdige evangelische Pfarrkirche aus dem 13. Jh. In Oberalba kleine Fachwerkdorfkirche. Lohnende Fernblicke vom Gläser und vom Emberg.

Wir beginnen unsere Wanderung an der katholischen **Kirche**. Über **Unteralba** gelangen wir durch den Wiesengrund des Albabaches nach **Oberalba** und von dort in Serpentinen hinauf zum **Emberg**, dessen Kreuz man schon von weitem sieht. Beim Rastplatz an der Wanderhütte treffen wir auf den Rhönhöhenweg mit seiner Farbmarkierung (*roter Tropfen*). Diesem Wanderweg folgen wir in südlicher Richtung bis zum Forsthaus **Steinberg**. – Er geleitet uns durch eine großartige Naturkulisse, vorbei an Sachsenburg und Zellerkopf zur Rechten und Altes Schloß und Eppersberg zur Linken. – Am

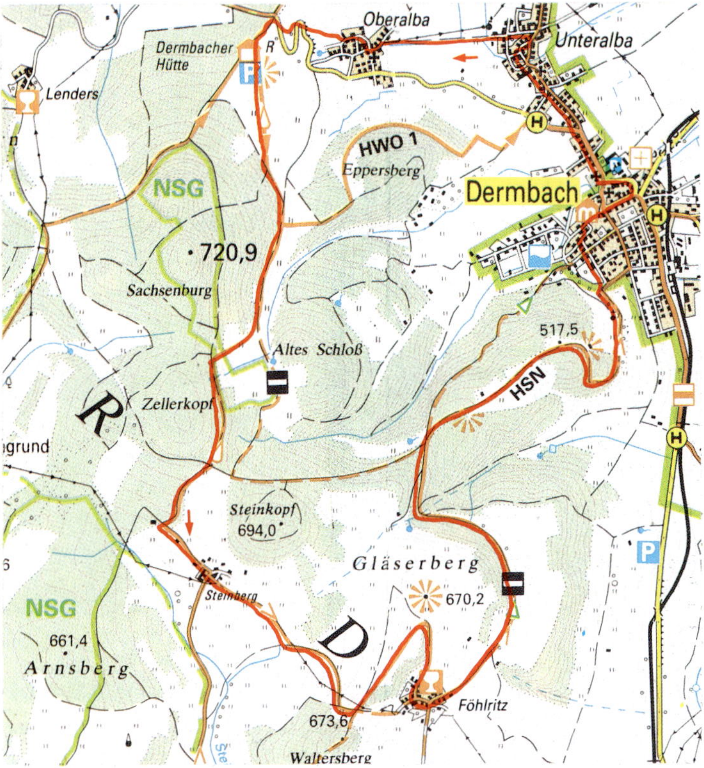

Forsthaus wechseln wir auf den Main-Werra-Weg (*roter Winkel*), den wir bis zum Endziel nicht mehr verlassen. Über eine Hochfläche mit typischen Rhönmatten wandernd, sind wir schon bald am Gipfelkreuz des **Gläserberges** angelangt und können eines der schönsten Panoramen der nördlichen Vorderrhön genießen. Der Abstieg erfolgt über **Föhlritz**.

Der Rückweg beginnt an der Bushaltestelle in Dorfmitte. Dort folgen wir der alten Querverbindungsstraße nach **Dermbach**, die heute nur noch von Wanderern benutzt wird. Stets mit schönem Blick auf das unter uns liegende Feldatal, kommen wir schon bald zur **Hirtentränke**, einem beliebten Ausflugsziel mit Freizeiteinrichtung. Über den **Karl-Friedrich-Stein** gelangen wir zum Staudtblick mit Pavillon und weiter zur katholischen Marienkapelle. **Dermbach** erreichen wir von der südlichen Seite her.

23 Von Dermbach nach Kaltennordheim

Auf den Spuren des Rhön-Paulus

Dermbach – Glattbach – Naturschutzgebiet Ibengarten – Hohe Asch – Umpfen, 697 m – Kaltennordheim

Ausgangspunkt: Dermbach, 365 m; Erholungsort im mittleren Feldatal, an der B 285 gelegen.
Parkmöglichkeit: Auf Parkplätzen und in Nebenstraßen des Ortes.
Gehzeiten: Dermbach – Ibengarten 1¼ Std., Ibengarten – Hohe Asch (Pirschhaus am Hausberg) 1½ Std., Pirschhaus – Umpfenberg 1½ Std.; Gesamtgehzeit 5 Std.
Höhenunterschied: 332 m.
Anforderungen: Bequeme Wanderwege.
Einkehrmöglichkeiten: Gasthäuser und Hotels in Dermbach und Kaltennordheim. Unterwegs Wanderhütte am Umpfen (Mo Ruhetag).
Sehenswertes: Dermbach mit denkmalgeschütztem Marktplatz, barockem Schloß von 1707 und Rhönheimatmuseum. Sehenswerte kath. Pfarrkirche (1731–36) und altehrwürdiges ev. Gotteshaus aus dem 13. Jh. Ibengarten, Naturschutzgebiet im Neuberg mit über 350 bis zu 800 Jahre alten Eibenbäumen. Glattbach, Rhönbauerndorf mit gut erhaltenen Fachwerkhäusern. Lohnende Fernsicht vom Umpfen. Kaltennordheim, alter Amts- und Gerichtsort mit Schloß (Amtshaus auf der Ringmauer der ehemaligen Merlinsburg) und Torhaus von 1754.

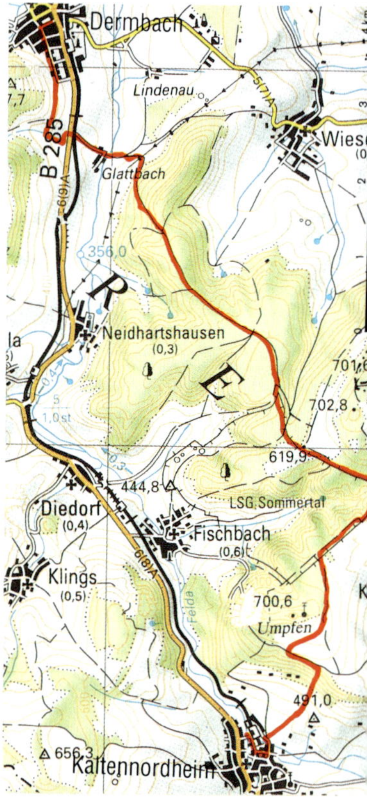

Von der alten **Amtsapotheke** durch die Steinstraße, Röderstraße und Siedlung aus dem Ort hinaus. Nach etwa 1,5 km überqueren wir die unter uns verlaufende *B 285* sowie die Bahngleise der Feldabahn und erreichen in wenigen Minuten **Glattbach**. Über die kleine Feldabrücke gelangen wir zum Kuhrasen, einem Magerrasen, der uns einen schönen Blick auf Dermbach bietet. Der **Ibengarten** im Neuberger Forst ist bald erreicht. Der dortige Eibenbestand gehört zum Wertvollsten seiner Art in Deutschland. Ein

alter Traditionswanderweg, gekennzeichnet mit *waagerechtem rotem Balken*, führt uns zum Buchholz mit seinem großen Bärenlauchvorkommen. Durch schöne Laubwaldungen kommen wir zur Wegespinne am **Hohen Asch** und weiter zum **Pirschhaus** am Hausberg mit seinem schönen Rastplatz unter uralten Bäumen. Über die Bohnäcker, eine als Viehweide genutzte Bergwiese, gelangen wir zum Naturschutzgebiet **Sommertal**. Das Tal, das von Fischbach aus heraufzieht, ist wegen seiner botanischen Artenvielfalt unter Schutz gestellt worden. Das Bergmassiv des **Umpfenberges** umwandern wir an seiner linken Flanke und gelangen zur **Kaltenlengsfelder Wanderhütte**, die südlich des Gipfels (Telekomturm) liegt. Von dem dort stehenden Wegweiser hat man einen umfassenden Panoramablick auf Rhön und Thüringer Wald. Der Abstieg führt durch den westlich liegenden Buchenhain mit Sängerhäuschen und Gedenkstein für den Rhöndichter Andreas Fack. Über freie Felder erreichen wir bald **Kaltennordheim**.
Rückfahrt mit der Feldabahn (eine der letzten Rhönbahnen) oder mit dem Bus. Abfahrt vor dem Bahnhof (hier auch Fahrpläne zur Information).

Blick vom Umpfen in das Feldatal.

24 Rund um Geisa

Eine Tageswanderung mit interessanten Aspekten

Geisa – Kranlucken – Roßberg, 693 m – Motzlar – Rockenstuhl – Wiesenfeld – Grenzwanderhütte – Geisa

Talort: Geisa, 280 m; reizvoll gelegene thüringische Kleinstadt im Ulstertal an der Grenze zu Hessen in der Vorderrhön.
Ausgangspunkt: Busbahnhof Geisa im Osten der Stadt, unmittelbar an der Kreuzung zwischen der B 278 und der Landstraße Rasdorf – Geisa – Dermbach gelegen, welche die Bundesstraßen B 84 und B 285 verbindet. Zu erreichen im Linienverkehr oder mit Pkw.
Parkmöglichkeit: Am Busbahnhof Geisa.
Gehzeiten: Geisa – Kranlucken (4 km) gut 1 Std., Kranlucken – Roßberg/Tannblick (5 km) 1½ Std., Roßberg – Motzlar (5 km) 1¼ Std., Motzlar – Rockenstuhl/Festplatz (1,5 km) knapp ½ Std., Rockenstuhl – Wiesenfeld (4 km) 1 Std., Wiesenfeld – Grenzwanderhütte (3,5 km) 1 Std., Grenzwanderhütte – Geisa (3 km) ¾ Std.; Gesamtgehzeit (26 km) 7 Std.
Höhenunterschied: Ca. 400 m.
Anforderungen: Diese Rundwanderung setzt gute Kondition voraus (relativ große Höhenunterschiede). Für den Plattenweg an der ehemaligen Grenze sind Schuhe mit kleiner Absatzfläche nicht zu empfehlen. Markierung: Die gesamte Route soll mit einer schwarzen 1 auf weißem Spiegel gekennzeichnet werden.
Einkehrmöglichkeiten: Gasthöfe der Stadt Geisa und Ghf. »Goldener Stern« (Mo Ruhetag) in Kranlucken und die Gasthäuser »Ulstertal«, »Zum Adler« und »Zum weißen Roß« in Motzlar.
Sehenswertes: Beeindruckende Ausblicke in alle Himmelsrichtungen, Reste der Grenzanlagen um den »Point alpha«, Kirche in Kranlucken (1751), Kirche (1908/09) und Mariengrotte in Motzlar und historische Bauten der Stadt Geisa.

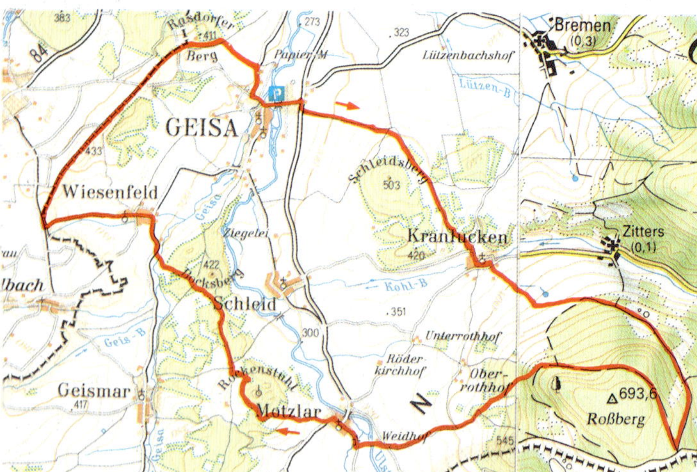

Geisa, die traditionsreiche Stadt im Ulstertal, im Hintergrund rechts der Rockenstuhl.

Wir beginnen die Rundwanderung am Bahnhof **Geisa**, wandern in südliche Richtung und biegen links ab zum **Schleidsberg**. Nach dem Anstieg genießen wir das herrliche Panorama mit den westlichen Vorbergen der Rhön, dem »Hessischen Kegelspiel«. Es geht weiter auf bequemen Feldwegen zum Dorf **Kranlucken**, 350 m, und in den wunderschönen Kohlbachgrund. Die Route führt uns nun in weitem Bogen und stetem Anstieg zum **Roßberg**, wo wir zunächst eine Lichtung aufsuchen, die einen herrlichen Blick über Tann in die Hohe Rhön erlaubt. Dann wandern wir zurück, am ehemaligen **Pirschhaus** vorbei und weiter, z.T. steil abwärts, den Wald verlassend, durch den von den Grenzsicherungsorganen der ehemaligen DDR zerstörten Ort **Langwinden**. Wir überqueren beim ebenso zerstörten Weidhof die *B 278* und die Ulster und kommen in das Dorf **Motzlar**, 305 m. Dieses verlassen wir in westlicher Richtung und gelangen nach über 100 Metern Anstieg auf den Festplatz des Dorfes am **Rockenstuhl**, wo wir uns über den schönen Blick ins Ulstertal freuen. Dann wandern wir auf ca. 460 m Höhe um den Berg, genießen die Sicht beim Waldaustritt und gehen über die Hochfläche und durch Nadelwald, am Bocksberg, 422 m, und Abendberg, 401 m, links vorbei, auf der Landstraße weiter nach **Wiesenfeld**, 305 m, Stadtteil von Geisa. Wir biegen links ab, gehen durch die Dorfstraße und bis zur ehemaligen Grenze. Dort wandern wir weiter auf dem Plattenweg zum Rastplatz **Grenzwanderhütte** und dann am ehemaligen amerikanischen Beobachtungsposten »Point alpha« und am Standort des ebenfalls zerstörten Fischerhofs vorbei zum letzten Rastpunkt am Hang des 411 m hohen **Rasdorfer Berges** mit herrlichem Blick auf Geisa und das Ulstertal. Mit dem Abstieg zur Buttlarer Straße (rechts) gelangen wir über die Rasdorfer Straße (links) und Bahnhofstraße (links) wieder zum **Ausgangspunkt**.

25 Auf den Rockenstuhl

Eine Wanderroute für die ganze Familie

Variante I: Geisa – Rockenstuhl, 529 m – Schleid – Geisa
Variante II: Geismar – Rockenstuhl, 529 m – Schleid – Geisa – Geismar

Talort: Variante I: Geisa, 280 m; reizvoll gelegene thüringische Kleinstadt im Ulstertal an der Grenze zu Hessen in der Vorderrhön.
Variante II: Geismar, 332 m; Dorf im südwestlichsten Zipfel des Landes Thüringen an der Grenze zu Hessen im Tal des Geisabachs in der Vorderrhön.
Ausgangspunkt: Variante I: Busbahnhof Geisa im Osten der Stadt, unmittelbar an der Kreuzung zwischen der B 278 und der Landstraße Rasdorf – Geisa – Dermbach gelegen, welche die Bundesstraßen B 84 und B 285 verbindet. Zu erreichen im Linienverkehr oder mit Pkw.
Variante II: Bushaltestelle Geismar, zu erreichen im Linienverkehr oder mit Pkw von der B 278 aus Richtung Geisa oder von der B 84 aus Richtung Hünfeld.
Parkmöglichkeit: Bei Var. I am Busbahnhof. Bei Var. II zweckmäßigerweise an den unten genannten Gaststätten.
Gehzeiten: Geisa – Rockenstuhl (6 km) 1¾ Std., Rockenstuhl – Schleid (3 km) gut ½ Std., Schleid – Geisa (3 km) knapp ¾ Std., in Var. II zusätzlich Geismar – Rockenstuhlgehöft (2 x 2 km) 1 Std.; Gesamtgehzeit (12 km) 3 Std. für Var. I oder knapp 4 Std. für Var. II (abzüglich der Wegzeit zum Busbahnhof Var. I).
Höhenunterschied: Variante I ca. 250 m, Variante II ca. 250 m.
Anforderungen: Gut begehbare Wege. Bei Regen und Glätte allerdings am sogenannten Schlangenpfad Abrutschgefahr. Markierung: Verschiedene Markierungen, durchgängig jedoch schwarze 4 auf weißem Spiegel bei Var. I vorgesehen.
Einkehrmöglichkeiten: Gaststätten der Stadt Geisa, Ghf. »Zum Hirschsprung« in Geismar, Ferienheim »Am Gemsenberg« in Geismar und Ghf. »Zum grünen Baum« (Montag Ruhetag) in Schleid.
Sehenswertes: Schöne Ausblicke auf die umgebende Landschaft. Rockenstuhl, historische Bauten der Stadt Geisa, Barockkirche (1743–46) und Fachwerkhäuser in Schleid sowie die Kirche (1. Hälfte 15. Jh./1863) in Geismar.

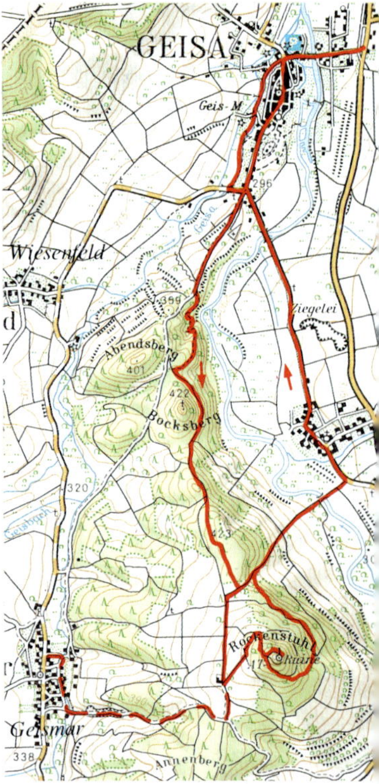

Blick ins Ulstertal, links der Rockenstuhl.

Vom Bahnhof **Geisa** kommend, gehen wir nach rechts, durch Bahnhofstraße und Eisfeld immer geradeaus und wenden uns an der Wegegabelung nach links in den Weg »An der Geis«, dem wir bachaufwärts zur Hälfte linksseitig und nach der Geisbrücke rechtsseitig folgen. An der Landstraße geht es nach links über eine Fußgängerbrücke, und nach der kleinen Steigung biegen wir rechts in den Röderweg ein. Nach Erreichen des Mischwaldes gelangt man über den idyllischen *Schlangenpfad*, am **Bocksberg**, 422 m, vorbei, in immer geradem Anstieg zum **Ulsterblick** mit herrlicher Sicht auf das Dorf Schleid und das Ulstertal. Wir wandern weiter auf bequemem Waldweg und über eine Hochfläche bis zum Rockenstuhlgehöft. Dort nehmen wir den ca. 15 Minuten währenden Anstieg zum **Rockenstuhlgipfel**, 529 m, wo noch einige Mauerreste vom ehemaligen Schloß und Amtssitz künden und ein massives, sauberes **Schutzhaus** uns aufnimmt. Der Abstieg erfolgt im Linksbogen um die Ostseite des Berges. Nach 5 Minuten erreichen wird das Denkmal der Rhönbotaniker Geheeb und Goldschmidt und nach weiteren 15 Minuten wieder die erwähnte Hochfläche, die wir nach rechts verlassen. Vorbei an einem schönen Rastplatz am Waldrand, gelangen wir über die Ulsterbrücke zum Dorf **Schleid**, 350 m, und wandern weiter auf der alten Landstraße nach **Geisa** in die Alleestraße. Hier können wir (nach rechts) noch eine kleine Stadtbesichtigung anschließen: Über Gangolfiberg mit Gangolfskapelle (1461), Zentgericht (um 1000) und Athanasius-Kircher-Denkmal, Schloßplatz, Marktplatz, Pfarrkirche (1489–1504), Hauptstraße und Bahnhofstraße zurück zum Ausgangspunkt.
Wer die Rundwanderung im Dorf **Geismar** beginnen will, kann von der Bushaltestelle aus über die Weiherbergstraße bachaufwärts wandern und über die Geisabrücke durch die Straße »Im Borntal« in stetigem Anstieg zum Rokkenstuhlgehöft gelangen, um dort an die beschriebene Route anzuknüpfen.

26 Über die Stopfelskuppe zum Schönsee

Zu den Kutten der Rhön

Roßdorf – Stopfelskuppe, 620 m – Bernshausen – Schönsee – Urnshausen – Bernshäuser Kutte – Roßdorf

Bernshausen und die Stopfelskuppe.

Ausgangspunkt: Roßdorf, 380 m; Bauerndorf an der Rosa. Bekannt durch die Schlacht am Nebelberg vom 4.7.1866. Auf dem Friedhof Gedenkobelisk.
Parkmöglichkeit: Vor dem Bürgerhaus und in den Nebenstraßen des Ortes. Anfahrt über die B 285 von Dermbach oder die B 19 von Wernshausen.
Gehzeiten: Roßdorf – Stopfelskuppe 1½ Std., Stopfelskuppe – Bernshausen ¾ Std., Bernshausen – Schönsee ½ Std., Schönsee – Urnshausen ½ Std., Urnshausen – Bernshäuser Kutte ¾ Std., Kutte – Roßdorf ¾ Std.; Gesamtgehzeit 4¾ Std.
Höhenunterschied: 240 m.
Anforderungen: Gut begehbare Feld-, Wald- und Fahrwege. Letzter Aufstieg zur Stopfelskuppe ziemlich steil. Rundwege um die beiden Seen bei feuchtem Wetter etwas rutschig. Gipfelbereich der Stopfelskuppe und die Bernshäuser Kutte sind Naturschutzgebiet. In diesem Bereich bitte nicht die Wanderwege verlassen.
Einkehrmöglichkeiten: Gasthöfe in Roßdorf, Bernshausen (hier auch Übernachtung möglich), Urnshausen. Im Sommer Kiosk am Schönsee.
Sehenswertes: Auf der Stopfelskuppe interessanter Basaltaufschluß und Blockhalde. Gute Fernsicht vom Gipfel. Bernshäuser Kutte und Schönsee sind tiefe Einbruchseen (Erdfallseen). Am Schönsee Freizeiteinrichtungen und Bademöglichkeit. Wertvolles Kalkmagerrasenbiotop am Langen Rain.

Von **Roßdorf** zur Stopfelskuppe erwartet uns ein beschwerlicher Aufstieg (letztes Drittel ziemlich steil). Ungeübten Wanderern ist zu empfehlen, bei Erreichen des HWO 1 (*rotes Dreieck*) diesen Wanderweg bis nach Bernshausen zu benutzen. Der Abstieg von der Stopfelskuppe erfolgt über die

nordwestliche Seite. Ruhige Wanderpfade bringen uns vom Ortsausgang **Bernshausens** (Wegweiser) in etwa einer halben Stunde zum stillen **Schönsee**. Die gleiche Zeit benötigen wir dann bis nach **Urnshausen**, dessen hochgelegene Pfarrkirche schon von weitem grüßt. Über die wenig frequentierte Verbindungsstraße ist die **Bernshäuser Kutte** bald erreicht. Vorher empfiehlt sich ein Abstecher zum zweigipfeligen **Horn**, 575 m, der rechts am Wege liegt und eine weite Aussicht verspricht. Die romantische Kutte liegt versteckt hinter dem Dorf am Fuße der Stopfelskuppe. Der Rückweg nach **Roßdorf** führt am **Langen Rain** vorbei, von dessen kalkigem Westhang man weit in das geschichtsträchtige Land schauen kann. Mit einem Besuch der **Roßdorfer Kutte**, in parkähnlicher Landschaft unmittelbar am Dorf gelegen, sollten wir unsere Rundwanderung beschließen.

27 Zum Katzenstein

Eine Rundwanderung im ehemaligen Grenzgebiet

Andenhausen/Katzenstein – Mückenhof – Hochrain, 641 m – Kohlbachshof – Andenhausen – Katzenstein

Talort: Andenhausen, um 540 m; Dörfchen am Schmerbach in der thüringischen Rhön an der Grenze zu Hessen; einer der höchstgelegenen Orte der Rhön.
Ausgangspunkt: Katzenstein, zu erreichen über die Bundesstraßen B 278 und B 285 durch Befahren der Verbindungsstraße zwischen Tann und Zella/Empfertshausen.
Parkmöglichkeit: Großer Parkplatz am Rhöngasthof »Katzenstein«.
Gehzeiten: Katzenstein – Mückenhof (2,5 km) ¾ Std., Mückenhof – Hochrain (2 km) ½ Std., Hochrain – Kohlbachshof (3 km) ¾ Std., Kohlbachshof – Katzenstein (3,5 km) 1 Std.; Gesamtgehzeit (11 km) 3 Std.
Höhenunterschied: ca 140 m.
Anforderungen: Gut begehbare Wege bzw. Straßen. Keine wesentlichen Steigungen. Bei besonderem Interesse für das Schürfgelände am Hochrain ist wasserdichtes Schuhwerk zu empfehlen. Die Teilstrecke Erbhof – Mückenhof ist markiert.
Einkehrmöglichkeiten: Rhöngasthof und Hotel »Katzenstein« am Katzenstein, Ghf. »Zum Berggarten« (Montag Ruhetag) in Andenhausen.
Sehenswertes: Herrliche Aussicht ins Feldatal, weiterhin sehenswürdig sind das Katzensteingebäude, die Kirche von Andenhausen (1757), die Braunkohlen-Schürfgruben an der Wüstung Hochrain und die Reste der durch das Grenzregime der ehem. DDR gewaltsam zerstörten Häuser des Mückenhofs und des Kohlbachshofs.

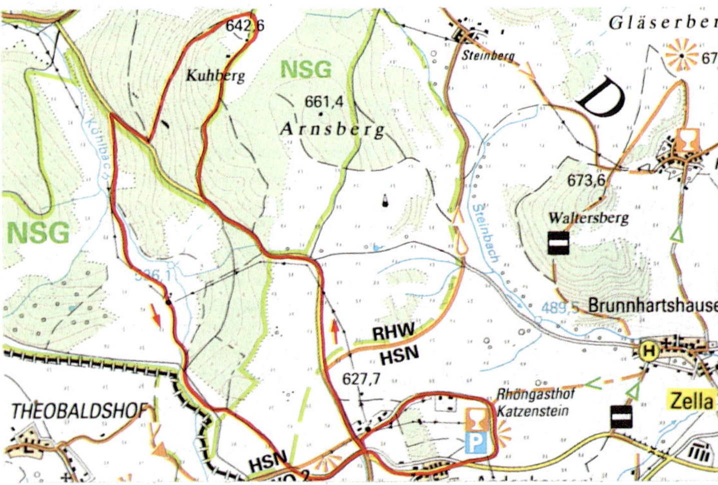

Die Gaststätte Katzenstein oberhalb von Andenhausen.

Wir beginnen unsere Rundwanderung am **Katzenstein**, 580 m – früher nur die Bezeichnung für einen aus regelmäßig gestellten Basaltsäulen bestehenden Trümmerhaufen, heute auch der klangvolle Name für ein Touristen- und Urlauberhotel. Das burgähnliche Gebäude wurde aus Basaltsteinen in den 30er Jahren erbaut und war bis zur Wende ein von der Öffentlichkeit abgeschirmtes Ferienheim des Ministeriums für Staatssicherheit. Auf bequemem Weg wandern wir in westlicher Richtung und gelangen beim sogenannten **Erbhof** auf die Landstraße, wo wir, rechts einbiegend, nach etwa 20 Minuten die Gabelung am ehemaligen **Mückenhof** erreichen. Letzterer wurde während der SED-Herrschaft wegen seiner grenznahen Lage zerstört. Nach einem Blick in die Hohe Rhön folgen wir in leichtem Abstieg weiter der Landstraße und biegen nach gut 10 Minuten rechts in einen Waldweg ein, der uns auf die Hochwiesen des **Hochrains** führt, dessen Gebäude schon in früherer Zeit verlassen wurden. Reste sind noch erkennbar. Vom Hauptweg nach links in einen Waldweg einbiegend, erkennt man talwärts die Schürfgruben der dort lagernden, aber als nicht abbauwürdig befundenen Braunkohle. Wir folgen dem leicht abfallenden Waldweg und kommen wieder zur Landstraße, wenden uns zunächst nach rechts, um etwa 300 Meter weiter unten links in den Kohlbachweg einzubiegen. Über den tiefsten Punkt der Route wandern wir nun in leichtem Anstieg durch das idyllische obere Kohlbachtal, vorbei an den Resten des über 500 Jahre alten, ebenfalls zerstörten **Kohlbachshofs**, bis zur ehemaligen Staatsgrenze. Ein Stück Plattenweg und dann ein links abzweigender Wiesenweg bis zum Gedenkstein der Grenzöffnung bringen uns zur Straße Tann – Zella/Empfertshausen. Wir wenden uns nach links und sind bald in **Andenhausen**. Nach einem Blick in das Dorf nehmen wir wieder den Aufstieg zum **Katzenstein**.

28 Rund um den Rößberg

Rundwanderung im Spahler Zipfel

Spahl – Ketten – Bildtanne – Rößberg, 639 m – Reinhards – Lörnhof – Pietzelstein – Spahl

Talort: Spahl, 380 m; Dorf im südwestlichsten Zipfel des Landes Thüringen, an der Grenze zu Hessen.
Ausgangspunkt: Ghf. »Zum weißen Roß« in der Dorfstraße gegenüber der Bushaltestelle, zu erreichen im Linienverkehr oder mit Pkw von der B 278 Richtung Tann/Geisa oder von der B 84 Richtung Hünfeld.
Parkmöglichkeit: Am Ghf. »Zum weißen Roß«; für die verkürzte Route oder Änderung des Ausgangspunktes ist der Parkplatz an der Bildtanne benutzbar.
Gehzeiten: Spahl – Ketten (3 km) knapp 1 Std., Ketten – Bildtanne (2 km) ½ Std., Bildtanne – Rößberg (1,5 km) ½ Std., Rößberg – Reinhards (4 km) 1 Std., Reinhards – Lörnhof (1 km) ¼ Std., Lörnhof – Pietzelstein (3 km) ¾ Std., Pietzelstein – Spahl (3 km) ¾ Std.; Gesamtgehzeit (17,5 km) 5 Std.
Höhenunterschied: Ca. 260 m.
Anforderungen: Fast 5 km Profilplattenweg und einige Feuchtstellen erfordern entsprechend derbes Schuhwerk. Die Route enthält mehrere Steigungen. Routenmarkierung mit schwarzer Ziffer 5 auf weißem Spiegel vorgesehen.
Einkehrmöglichkeiten: Ghf. »Zum weißen Roß« in Spahl (Montag Ruhetag), Ghf. »Stehling« in Ketten.
Sehenswertes: Herrliche Ausblicke, bes. vom Rößberggipfel; Kirchen in Spahl (1514/1724) und Ketten (1807); Anlagen und zerstörte Höfe an der ehemaligen Staatsgrenze; Berg Pietzelstein.

Heiligenhäuschen, Bildstöcke und Kreuze sind typisch für die Rhön.

Vom **Gasthof** »Zum weißen Roß« aus gehen wir nach rechts durch die Hauptstraße bis an das Ende des Dorfes. Dort führt ein Weg wieder rechts durch z.T. feuchte Wiesen auf den Rößberg zu, setzt sich in steilem Anstieg durch Fichtenwald fort und endet auf einem Querweg, der einen ersten schönen Ausblick ermöglicht. Wir folgen diesem Weg weiter zum Dorf **Ketten** (400 m), wenden uns dann in südliche Richtung und folgen der zusätzlichen Markierung für den Geisweg (*rotes offenes Dreieck auf weißem Spiegel*) durch eine Hohle bis zur **Bildtannengrotte**. Dort, an der ehemaligen Staatsgrenze, gehen wir etwa eine Viertelstunde auf dem *Plattenweg* und wenden uns dann nach rechts, um den **Rößberggipfel** mit seinem

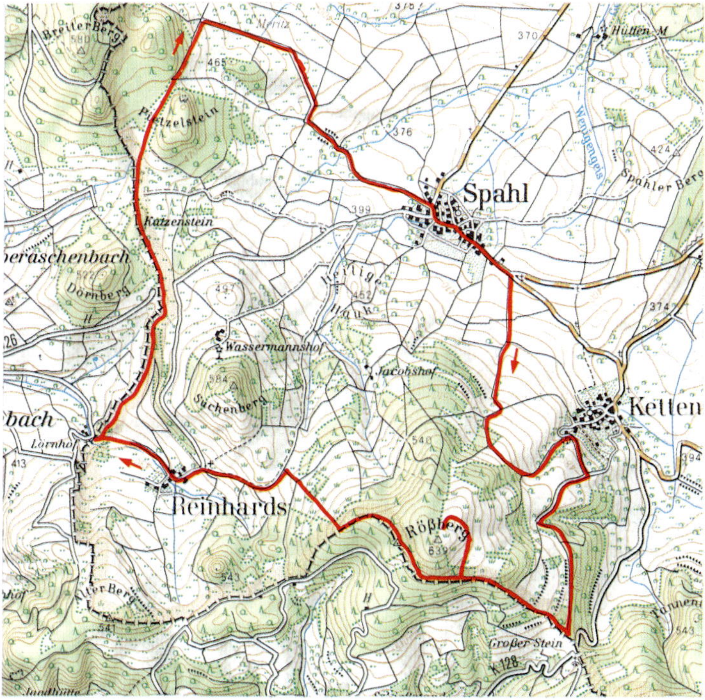

weithin sichtbaren Kreuz zu besteigen. Wir genießen eine herrliche Rundsicht. Nach dem Abstieg geht es weiter ca. 1 km an der ehemaligen Grenze entlang, bis wir im rechten Winkel, ebenfalls über *Kolonnenwegplatten*, die alte Straße zwischen Reinhards und Spahl erreichen. Hier biegen wir links ab, durchwandern das verträumte Dorf **Reinhards**, 425 m, erfrischen uns am Dorfbrunnen und besuchen den **Lörnhof** jenseits der ehemaligen Grenze. Dann geht es zurück, wieder auf dem Kolonnenweg, vorbei an dem vom Grenzregime der ehem. DDR zerstörten Wassermannshof (rechts) und quer über die Straße Spahl – Mittelaschenbach. Vor dem geologisch und botanisch interessanten **Pietzelstein**, ca. 520 m, verlassen wir den Plattenweg und gehen am Waldrand entlang. Vorbei an dem schwarzen Holzkreuz, erreichen wir in weniger als 10 Minuten den rechtwinklig ins Tal abbiegenden, durch die Wüstung **Meritz** führenden *Holzweg* und kommen, vorbei am Sportplatz, bald darauf in **Spahl** wieder zu unserem Ausgangspunkt.

29 Von Kaltennordheim zur Hexenlinde

Wanderung am Rande der Hochrhön

Kaltennordheim – Kaltenwestheim – Hexenlinde – Klings – Windberg – Kaltennordheim

Das Torhaus des Schlosses von Kaltennordheim.

Ausgangspunkt: Kaltennordheim, 435 m; kleine, bedeutende Rhönstadt am Oberlauf der Felda. Schloß und Torhaus von 1754. Amtshaus auf den Mauern der alten Merlinsburg. Endstation der Feldabahn. An der B 285 gelegen.
Parkmöglichkeit: Am Neumarkt vor dem Schloßhof und am Altmarkt.
Gehzeiten: Kaltennordheim – Kaltenwestheim ¾ Std., Kaltenwestheim – Hexenlinde 1¼ Std., Hexenlinde – Klings ½ Std., Klings – Kaltennordheim 1½ Std.; Gesamtgehzeit 4 Std.
Höhenunterschied: 224 m.
Anforderungen: Gute Wanderwege.
Einkehrmöglichkeiten: Gasthäuser und Hotels in Kaltennordheim (Übernachtung möglich), Dorfgasthöfe in Kaltenwestheim und Klings.
Sehenswertes: Ummauerte Wehrkirche und Torturm in Kaltenwestheim. Hexenlinde: sagenumwobener Einzelbaum in exponierter Lage (lohnender Panoramablick). Klings: altes Rhönschnitzerdorf mit schöner neuromanischer Kirche. Schöne Fernsicht vom Windberg aus.

Wir verlassen **Kaltennordheim** auf der Fuldaer Straße und erreichen nach Passieren der Brauerei (Rhönbier) die Kiliansmühle. Über Feldwege erreichen wir **Kaltenwestheim** am Rande der Hochrhön. Am Wetzstein, einem obeliskartigen Denkmal, führt eine abbiegende Hauptstraße in Richtung Oberweid. Wir benutzen den geradeaus führenden Feldweg, der uns durch das Lottetal langsam höher bringt, bis wir nach etwa 1,5 km den Rhön-Höhenweg (*roter Tropfen*) erreichen, der uns hinauf auf eine freie Hochfläche bringt. Die **Hexenlinde** steht etwas abseits vom Wanderweg, linksseitig in einem Waldstreifen – dort befindet sich auch ein schöner Rastplatz. Am *Wegweiser* verlassen wir den Rhön-Höhenweg und wenden uns rechter Hand nach **Klings** zu, das unter uns in einem Seitental der Felda liegt. Auf gut ausgebautem Feldweg kommen wir ins Dorf hinein und treffen dort wieder auf einen markierten Wanderweg (*rotes Dreieck*, bis Kaltennordheim). Wir verlassen das Dorf an der Kirche, um steil hinauf zum **Windberg** zu steigen, der uns eine wunderschöne Aussicht über das Feldatal beschert. Vorbei am »Berghaus«, dem ehemaligen Zechenhaus der Braunkohlengrube Karl-August, erreichen wir bald das Feldatal unterhalb Kaltennordheim in Höhe der Einödsmühle. Nach wenigen Minuten sind wir wieder am **Ausgangspunkt** angelangt.

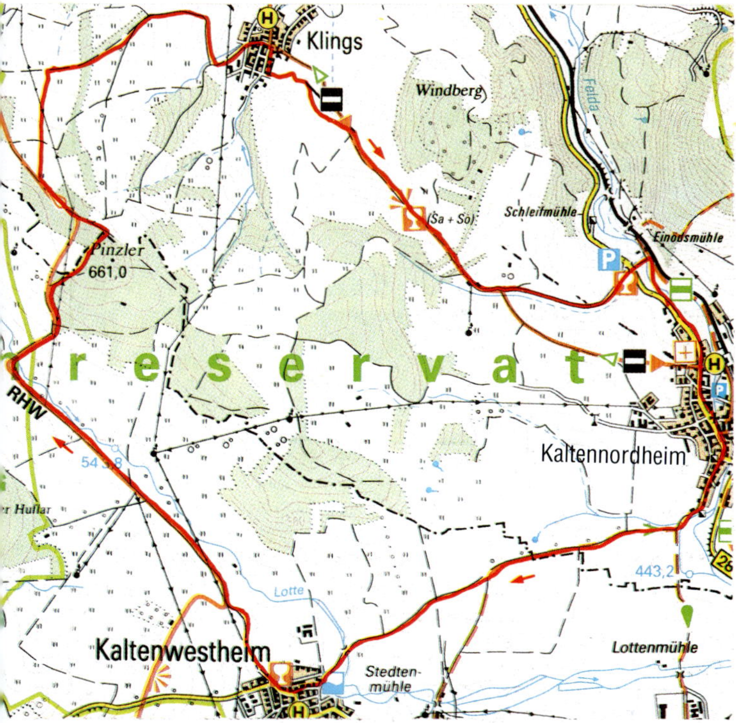

30 Rund um den Umpfen

Wanderung im Kaltennordheimer Amtsbezirk

Kaltennordheim – Umpfen, 697 m – Hahnberg – Amönenhof – Hardt – Grimmelsbachstausee – Kaltennordheim

Ausgangspunkt: Kaltennordheim, 435 m; Rhönstadt am Oberlauf der Felda. Schloß und Torhaus von 1754. Amtshaus auf den Mauern der alten Merlinsburg.
Parkmöglichkeit: Am Neumarkt vor dem Schloßhof und am Altmarkt.
Gehzeiten: Kaltennordheim – Umpfen 1 Std., Umpfen – Amönenhof 1½ Std., Amönenhof – Grimmelsbachstausee 1 Std., Stausee – Kaltennordheim ½ Std.; Gesamtgehzeit 4 Std.
Höhenunterschied: 262 m.
Anforderungen: Anstieg zum Umpfen steil, doch stets gute Wald-, Forst- und Wiesenwege. Bei feuchtem Wetter sind die Wege um den Stausee schmierig.
Einkehrmöglichkeiten: Gasthäuser und Hotels in Kaltennordheim, Kaltenlengsfelder Wanderhütte (Mo Ruhetag), Dorfgasthof Kaltenlengsfeld, Berggasthof Amönenhof (Mo Rohetag), Ausflugsgaststätte Erbsmühle (Mi–So).
Sehenswertes: Vom aufgelassenen Basaltbruch des Umpfen herrliche Aussicht in das Feldatal. Vom Hahnberg aus weite Sicht auf die Vorrhön bis zum Thüringer Wald. Kleine Talsperre (Bademöglichkeit). Kalkmagerrasenbiotope auf der Hardt.

Hinter dem **Bahnhof** führt ein Feldweg durch den Buchenhain, vorbei am Sängerhäuschen mit Andreas-Fack-Denkmal, steil hinauf zum **Umpfen**. Durch schattigen Buchenwald gelangen wir zur oberen Abbauebene des stillgelegten Basaltbruches und genießen die einmalige Fernsicht. An der **Kaltenlengsfelder Wanderhütte** in Gipfelnähe (*Orientierungswegweiser*) vorbei, gelangen wir auf breiten Feldwegen hinunter in den Talkessel mit dem Dörfchen **Kaltenlengsfeld**. Auf der neuen, asphaltierten Verbindungsstraße nach Friedelshausen wandern wir bis zum Scheitelpunkt auf der Höhe, wo Ruhebänke zur Rast einladen. Hier treffen wir auf einen Wanderweg (*grünes Dreieck*), der über weite Hochwiesen hinüber zum **Hahnberg** und zum **Amönenhof** führt. Ab hier richten wir uns nach einem *roten Dreieck*, dessen Streckenverlauf uns über reizvolle Weideflächen und durch stille Wälder hinunter zum Röderholz und weiter zum großen Kalkplateau der **Hardt** bringt. Von den botanisch interessanten Magerbiotopen schauen wir hinunter auf den kleinen **Stausee** im Tal des Grimmelsbaches. Am Ausgang des kleinen Seitentals liegt die Erbsmühle. Hier überqueren wir die Felda, um auf Wiesenwegen, vorbei an der Kiliansmühle, zurück nach **Kaltennordheim** zu gelangen.

Blick vom Windberg auf den Umpfen.

31 Auf den Ellenbogen

Zum höchsten Berg der thüringischen Rhön

Kaltensundheim – Ellenbogen, 813 m – Weidberg – Kaltenwestheim – Kaltensundheim

Ausgangspunkt: Kaltensundheim, 460 m; geschichtsträchtiger Rhönort am Oberlauf der Felda, mit alter Wehrkirche aus dem 15. Jh. Liegt an der B 285 zwischen Fladungen und Kaltennordheim.
Parkmöglichkeit: Parkplätze am Ortsausgang Richtung Mittelsdorf.
Gehzeiten: Aufstieg zum Ellenbogen 2 Std., Rückweg über Weidberg – Kaltenwestheim – Mittelsdorf 2½ Std.; Gesamtgehzeit 4½ Std.
Höhenunterschied: 353 m.
Anforderungen: Gut begehbare Wanderwege durch Felder, Wald und über freie Hochflächen. Keine nennenswerten Steilanstiege.
Einkehrmöglichkeiten: Gasthöfe in Kaltensundheim und Kaltenwestheim, Eisenacher Haus (Übernachtung möglich), Thüringer-Rhön-Haus (Mo Ruhetag).
Sehenswertes: Panoramablick vom Gipfel des Ellenbogens, höchster Berg der thüringischen Rhön, schöne Fernsichten.

Vom **Parkplatz** aus folgen wir dem asphaltierten Feldweg, der am Trinkwasserhochbehälter vorbei hinauf zum **Hemschenberg** führt. Hier treffen wir auf einen Wanderweg, der mit einem *roten Dreieck* gekennzeichnet ist. Dieser Markierung, der sich am **Steinkopf** noch ein *grüner Winkel* zugesellt, folgen wir bis zum Ellenbogen. Der sanfte Aufstieg führt uns durch Felder, schattenspendenden Wald und über freie Hochflächen hinauf zum **Rippertshauk**, von wo sich uns eine schöne Fernsicht in südöstliche Richtung bietet und Ruhebänke zum Verweilen einladen. *Rhönklub-Wegweiser* zeigen uns den Wanderpfad zur Höhe, der durch Buchenhochwald

führt. Links am Wege, etwas versteckt hinter hohen Fichten, steht die **Eckertbank**, eine Rhönklubgedenkstätte mit Ruhebänken in stiller Einsamkeit. Vorbei am **Eisenacher Haus**, erreichen wir den **Ellenbogen** in etwa 10 Minuten.
Wir verlassen den Berg nach Westen und richten uns von nun an nach dem *grünen Tropfen*, mit dem unser weiterer Wanderweg bis zum **Weidberg** gekennzeichnet ist. Der steinige Weg führt am **Thüringer-Rhön-Haus** vorbei, hinunter zu einem Rastplatz am Böttcherweg, der uns sanft ansteigend hinauf zu den Bergwiesen am **Jagdbrunnen** bringt. Ein *Wegweiser* erleichtert uns hier die Orientierung. Durch den schönen Buchenwald der

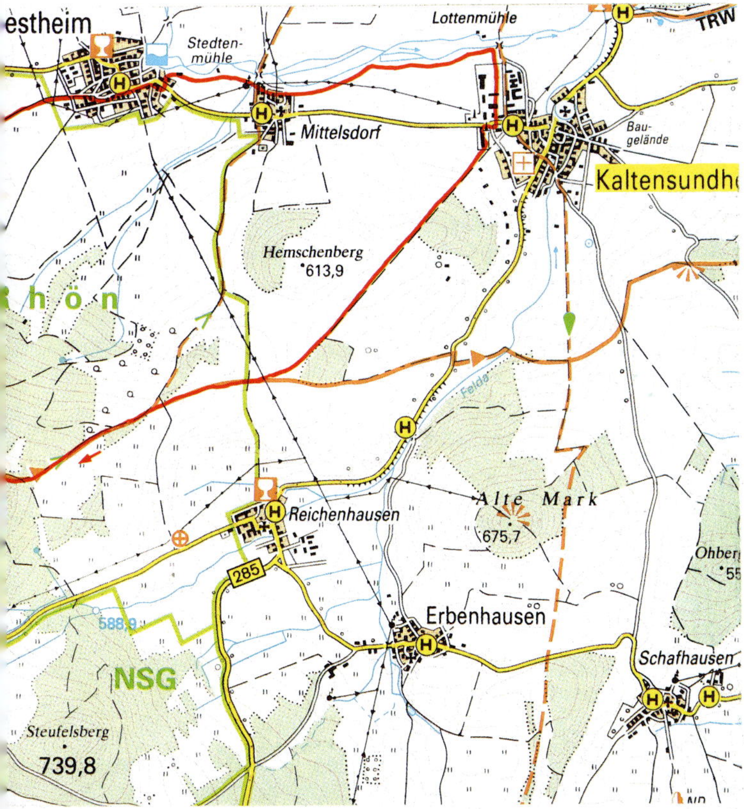

Feis erreichen wir bald die Paßstraße, die hinunter nach Oberweid führt. Am *Wegweiser* wenden wir uns nach rechts und folgen den Masten der Hochspannungsleitung. Über freie, aussichtsreiche Feldwege gelangen wir hinunter nach **Kaltenwestheim**. Am Lottebach, der sich durch das Dorf schlängelt, führt rechtsufrig ein Weg entlang, der uns, an alten Mühlen vorbei, nach **Mittelsdorf** bringt und von dort weiter bis zur Lottemühle in Höhe von **Kaltensundheim**. Hier verlassen wir den Wiesengrund und sind in wenigen Minuten am Ausgangspunkt unserer Rundtour.

Rechts: Sturmzerzauste Hutebuche am Ellenbogen.
Unten: Die Wehrkirche von Kaltensundheim.

32 Auf den Engelsberg

Von Thüringen nach Hessen

Unterweid – Friedrichshof – Engelsberg, 728 m – Unterweid

Ausgangspunkt: Unterweid, 435 m; typisches Rhöndorf im Weidbachtal. Zu erreichen auf der B 278 über Tann oder Hilders oder auf der B 285 von Kaltensundheim aus.
Parkmöglichkeit: Parkplatz vor dem Ghf. »Krone« und an Nebenstraßen.
Gehzeiten: Unterweid – Engelsberg 2 Std., Abstieg und Rückweg 1½ Std.; Gesamtgehzeit 3½ Std.
Höhenunterschied: 293 m.

Anforderungen: Gut begehbare Wanderwege auf der gesamten Route.
Einkehrmöglichkeiten: In Unterweid.
Sehenswertes: In Unterweid alte Wehrkirche aus dem 15. Jh. Alte Dorflinde eines im Dreißigjährigen Krieg zerstörten Dorfes am Engelsberg. Von dort ausgezeichneter Panoramablick auf das Ulstertal, die Kuppenrhön (»Hessisches Kegelspiel«) und ins Thüringische bis hin zur Wartburg und zum Rennsteig.

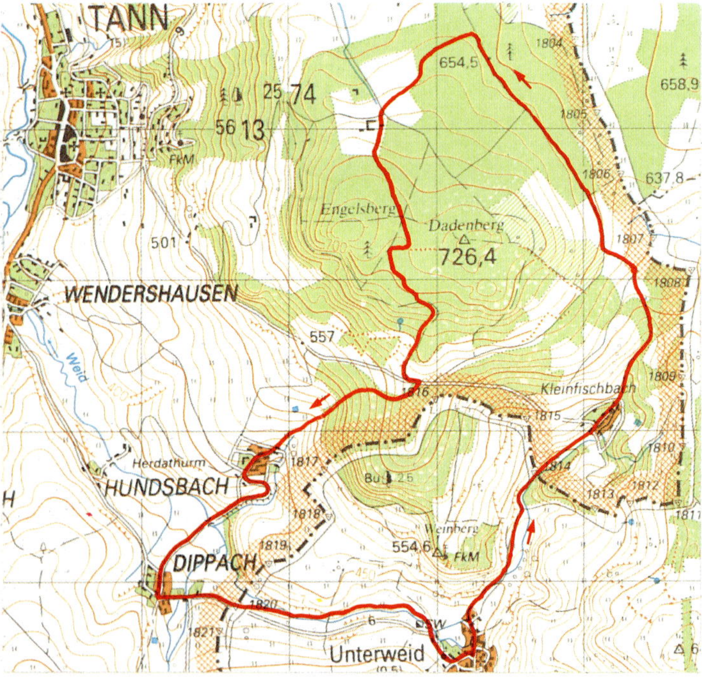

Bunt färbt der Herbst die Buchen auf dem Weidberg.

Wir beginnen unsere Wanderung am **Lutherplatz** unterhalb der Kirche und gehen durch die Lutherstraße bis zur Rhönmöbelfabrik. Hier wenden wir uns nach rechts und erreichen nach Überschreiten der ehemaligen innerdeutschen Grenzsicherungsanlagen bald den Weiler **Kleinfischbach**, der versteckt in einem idyllischen Nebental liegt. Am Talschluß wenden wir uns nach links und steigen durch das »Schloßgehäu« hinauf zum *Reuterweg*. Dieser Kutschenweg führt als Panoramaweg um fast das ganze Bergmassiv herum. Wir befinden uns nun auf dem *Rundwanderweg 4* des Luftkurortes Tann. In der Strut treffen wir auf einen *Wegweiser*, der uns in Richtung Friedrichshof weiterleitet. Hier verlassen wir den Reuterweg, um auf den *Rundweg 8* einzubiegen. Dieser bringt uns zum **Friedrichshof**, einem ehemaligen Tanner Gut, das heute aber nicht mehr als solches genutzt wird. Vorbei an einem Gedenkstein (Windbruchkatastrophe), kommen wir schon bald zur Dorflinde, die im Sattel zwischen Datenberg und Engelsberg liegt. Hier erwartet uns ein geschützter Rastplatz mit Erläuterungstafeln, die über das verlassene Dorf, das ehemals hier oben stand, berichten. Für die genußvolle Rundumsicht vom **Engelsberg** sollten wir uns gebührend Zeit nehmen. Der Abstieg erfolgt über den »Ochsenstall«, vorbei am Kleinfischbacher Trinkwasserhochbehälter, bis zur neuen Fischbacher Straße. An der Paßhöhe, etwa 80 Meter oberhalb, führt durch den Hundsbacher Buchwald ein Feldweg abwärts nach **Hundsbach**. Dieses Dörfchen ist noch einer der wenigen rein landwirtschaftlich geprägten Orte der Rhön. Hier verlassen wir den Rundweg 8. Ehe wir **Dippach** (Campingplatz) erreichen, überqueren wir erst den Weidbach. Zurück nach **Unterweid** benutzen wir die Wiesenwege, die rechts und links der Ortsverbindungsstraße verlaufen und uns durch das liebliche Weidbachtal wieder zum Ausgangspunkt bringen.

33 Auf den Staufelsberg und in den Rhönwald

Eine Biotopwanderung

Oberweid – Staufelsberg – Simmershausen – Buchschirmküppel, 746 m – Rhönwald – Oberweid

Blick auf Oberweid.

Ausgangspunkt: Oberweid, 500 m; typisches Rhöndörfchen im Talschluß des Weidbaches. Zu erreichen über die B 278 von Hilders oder Tann oder über die B 285 von Kaltensundheim aus.
Parkmöglichkeit: In der Frankenheimer Straße.
Gehzeiten: Oberweid – Staufelsberg – Simmershausen 1 Std., Simmershausen – Buchschirmküppel 1 Std., Buchschirmküppel – Rhönwald – Oberweid 1½ Std., Gesamtgehzeit 3½ Std.
Höhenunterschied: 276 m.
Anforderungen: Gute Wanderwege.
Einkehrmöglichkeiten: In Oberweid und Simmershausen. In beiden Dörfern auch Übernachtungen möglich.
Sehenswertes: Botanische Vielfalt auf den Kalkmagerrasenflächen des Staufelsberges (nicht die Biotope betreten!). Simmershausen, Urlaubsort mit schöner kath. Pfarrkirche von Fürstbischof Julius Echter und wertvollen Bildstöcken. Schöner Panoramablick von der Aussichtswarte des Buchschirmküppels (Panoramaerklärung). Im Naturschutzgebiet Rhönwald (Reservat – Wanderwege nicht verlassen!) idyllisch gelegener Steinbruchsee. Oberhalb von Oberweid Hutbuchen. Im Dorf gut erhaltene Fachwerkhäuser.

Wir beginnen die Wanderung in der **Simmershäuser Straße**, der wir etwa 350 Meter folgen, um rechts auf einen Feldweg einzubiegen, der uns zum Hochplateau des **Staufelsberges**, 646 m, bringt. Von hier lohnender Rundumblick in das Weidbachtal und auf die thüringische Hochrhön. Nach

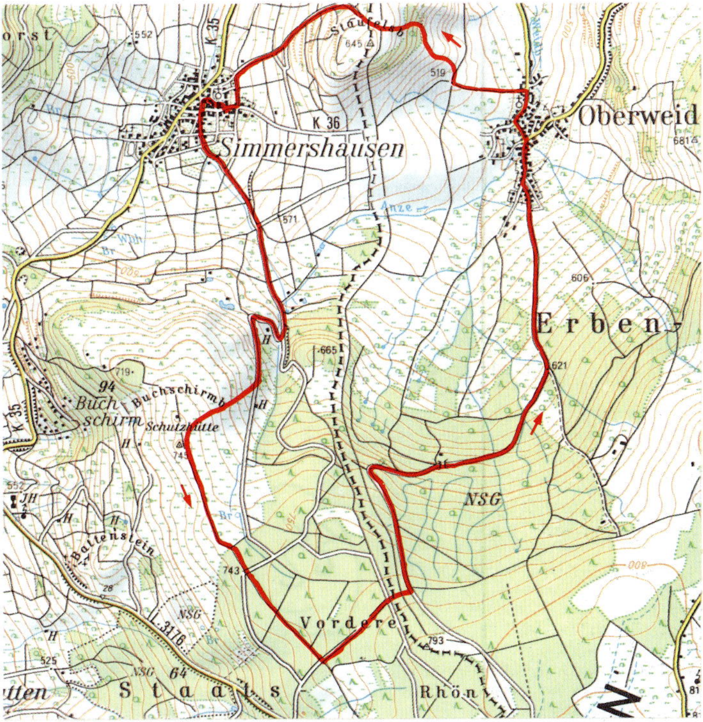

Überschreiten eines alten Grenzwalles (Höhl) in westlicher Richtung, gelangen wir hinunter nach **Simmershausen**, das wir über den Mittelweg verlassen – ein weiter Talgrund nimmt uns nun auf. Zur Rechten liegt der langgestreckte **Buchschirmküppel**. Nach etwa 1 km erreichen wir einen Wanderpfad (*Wegweiser*), der neben einem Windschutzstreifen zur gemauerten Aussichtswarte (Panoramaerklärung) führt. Der Weiterweg, vorbei am Gipfelkreuz und dem Telekomturm, ist der Höhepunkt der Wanderung. Über den Kammweg erreichen wir nach etwa 2 km den HWO 3 mit der Markierung *rotes Dreieck*. Diesem Weg folgen wir in östlicher Richtung bis zum Höhenpunkt 776 m (Hinweisschild). Von dort geht es links weiter zum NSG **Rhönwald** (urtümlicher Bergmischwald). Am aussichtsreichen Weiterweg nach **Oberweid** kommen wir an einem idyllischen, kleinen Basaltsee und an mächtigen Hutbuchen vorbei.

34 Ins Schwarze Moor

Botanische Wanderung

Ellenbogen, 813 m – Frankenheim – Schwarzes Moor – Ellenbogen

Ausgangspunkt: Ellenbogen, 813 m; höchster Berg der thüringischen Rhön.
Parkmöglichkeit: Wanderparkplatz am Eisenacher Haus. Zu erreichen auf der B 285 von Reichenhausen oder auf der B 278 über Seiferts oder Hildern.
Gehzeiten: Ellenbogen – Schwarzes Moor 2½ Std., Rückwanderung über Sennhütte – Oberer See – Frankenheim 2½ Std.; Rundweg durch das Moor 1 Std.; Gesamtgehzeit 5 Std., mit Moorrundweg 6 Std.
Höhenunterschied: Ca. 150 m.
Anforderungen: Gut begehbare Wanderwege auf der gesamten Rundwanderung. Keine nennenswerten Schwierigkeiten.
Einkehrmöglichkeiten: Eisenacher Haus, Thüringer-Rhön-Haus, Gasthöfe in Frankenheim, Sennhütte. Übernachtungsmöglichkeiten im Eisenacher Haus und Sennhütte; Kiosk am Moor.
Sehenswertes: Frankenheim: höchstes Dorf des Rhöngebirges, 750 m. Schwarzes Moor: größtes Hochmoor der Rhön (60 ha), 779 m. Oberer See: stiller Waldsee mit Freizeitanlage.

Vom **Parkplatz** aus gehen wir die asphaltierte Zufahrtsstraße bis zur Wegegabelung und dann den markierten Wanderweg (*rotes Dreieck*) entlang bis zur hessisch-thüringischen Landesgrenze. Am *Wegweiser* links halten und die Forststraße nach **Frankenheim** benutzen. Kurz vor dem hochgelegenen Dorf treffen wir auf den Rhön-Höhenweg (*roter Tropfen*), dem wir bis zum Schwarzen Moor folgen. Der Weg führt durch das Dorf, über freie Hochflächen hinüber auf bayerisches Gebiet zum Rastplatz des Naturparks Rhön in unmittelbarer Nähe des **Schwarzen Moores**. In der warmen Jahreszeit besteht am Kiosk eine Imbißmöglichkeit. Für eine Rundwanderung durch das Moor auf dem Bohlenpfad ist 1 Stunde zu veranschlagen (Hinweisschilder mit näheren Informationen).

Für den **Rückweg** benutzen wir die Forststraße, die oberhalb der **Sennhütte** in Richtung Frankenheim führt. Um sie zu erreichen, müssen wir etwa 150 Meter auf der Hochrhönstraße in Richtung Fladungen gehen. Auf Serpentinen abwärts wandernd, erreichen wir nach einer Viertelstunde den **Oberen See** mit seinen ruhigen Rastplätzen. Die steile Straße, die von Leubach kommend hinauf nach **Frankenheim** führt, bringt uns wieder auf den schon erwähnten *Rhön-Höhenweg*. Hinter der Frankenheimer Schule weicht dieser Wanderweg auf weite Wiesenflächen aus, die uns ausgezeichnete Fernsicht bieten. Kurz bevor wir wieder den **Ellenbogen** erreichen, überqueren wir in einem Waldstreifen den alten Grenzwall des Höhls, dessen Verlauf man von dieser Stelle aus sehr gut verfolgen kann. Auf breitem Wanderweg haben wir bald das Endziel unserer Rundwanderung erreicht.

Unterwegs auf dem Rhön-Höhenweg – kurz vor Frankenheim.

35 Von Herpf auf den Gebaberg

Zum Meininger Hausberg

Herpf – Träbes – Gebaberg, 750 m – Dorf Geba – Bettenhausen – Seeba – Herpf

Die achteckige Kirche von Geba.

Wir beginnen unsere Tour in der **Seebaer Straße**. Der Wegemarkierung des HWO 3 (*rotes Dreieck*) folgend, erreichen wir über **Kleine Geba** und **Träbeser Loch** (Erdfalltrichter) das hochgelegene Dorf **Träbes**. Von hier sind es noch 20 Minuten bis zum Hochplateau. Der höchste und zugleich aussichtsreichste Punkt des **Gebaberges** liegt nahe am nördlichen Abhang. Früher stand hier die Meininger Hütte des Rhönklubs, die jedoch von russischem Militär zerstört wurde. Das einzigartige Panorama zeigt uns im Osten Thüringer Wald, Fichtelgebirge und Frankenwald, nach Süden hin Gleichberge, Veste Coburg, Vierzehnheiligen, Salzburg und Steigerwald, nach Westen Kreuzberg und Hohe Rhön, nach Nordwesten und Norden die Rhönvorberge bei Tann, Dermbach und Vacha, Habichtswald, den Hohen Meißner, Ringgau und Werraberge. Das Dörfchen Geba liegt bergab in südlicher Richtung. Am **Neidhardskopf** befindet sich ein neu erbauter Berggasthof mit schönem Blick in das Herpftal.

Rückwanderung auf der Aufstiegsroute oder Variante: Vom Neidhardskopf steil abwärts zum Weinberg mit der Reppertshütte (Pirschhaus). Der Weg nach **Bettenhausen** ist ausgeschildert. Nach **Seeba** durch das Loh und auf der Zufahrtsstraße zurück zum Ausgangspunkt in **Herpf**.

Ausgangspunkt: Herpf, 325 m; altes, ursprüngliches Rhöndorf an der Herpf. Sehenswerte Kirchenburg mit Mauerring, Zwinger und Gadenkeller. Weitgehend erhaltene Dorfbefestigung. 9 km von Meiningen entfernt, an der Straße nach Fulda gelegen.

Parkmöglichkeit: Parkplatz vor Schule.

Gehzeiten: Herpf – Geba 2 Std., rund um das Hochplateau – Dorf Geba – Neidhardskopf ¾ Std.; Rückwanderung über Aufstiegsroute 1½ Std.; Gesamtgehzeit 4¼ Std.; Abstieg nach Bettenhausen – Seeba – Herpf 2 Std.; bei dieser Variante Wander- zeit insgesamt: 4¾ Std.

Höhenunterschied: 426 m.

Anforderungen: Gute Wanderwege. Einige steile Abschnitte, ansonsten bequem. Beim Abstieg nach Bettenhausen etwa 2 km steiler Weg, der festes Schuhwerk und Trittfestigkeit erfordert. Markierung: Rotes Dreieck auf weißem Spiegel.

Einkehrmöglichkeiten: Gasthöfe in Herpf, Träbes, Berggasthof Neidhardskopf sowie (bei der Variante) in Bettenhausen und Seeba.

Sehenswertes: Das Massiv des Gebaberges ist einer der größten Gebirgsstöcke der Rhön und beinhaltet mit der Hohen Geba den höchsten Berg der Vorderrhön. Durch die weite Aussicht nach allen Seiten ist die Geba einer der interessantesten Berge des gesamten Gebirges. Im Dorf Geba eine kleine, einem achteckigen Gartenhaus ähnliche Kirche. In Seeba Ruderteiche mit Freizeitanlage.

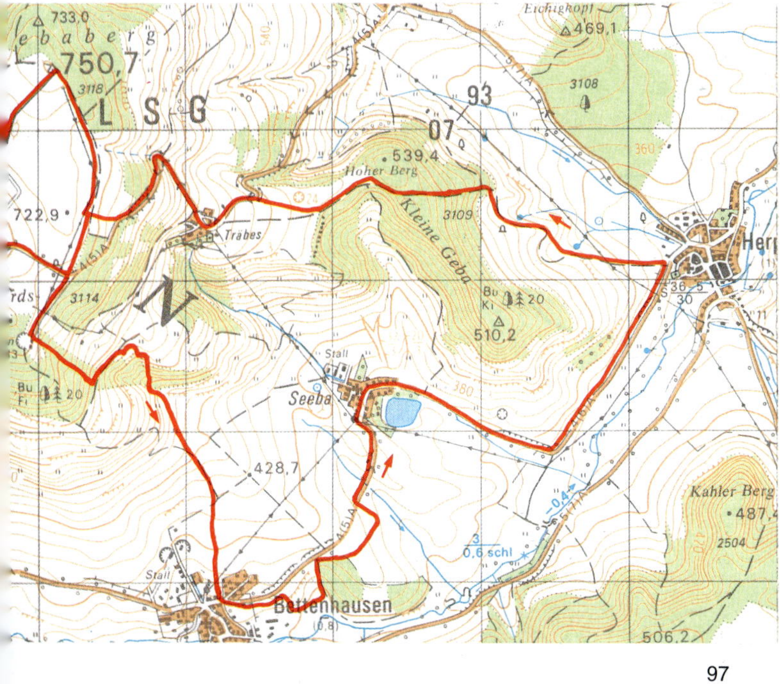

36 Von Ostheim zur Lichtenburg

Informationswanderung zur Geschichte des Mittelalters

Ostheim – Lichtenburg, 484 m – Ostheim

Talort: Ostheim vor der Rhön, 300 m; Kleinstadt mit landwirtschaftlicher Prägung. Früher Gerberstadt. Heute handwerkliche Betriebe: 2 Brauereien, Sportwaffenfabrik, Sägewerk. Handel, Fremdenverkehr. Altertümliches Stadtbild, altes Rathaus von 1587, Kirchenburg. Seit 1945 bayerisch.

Ausgangspunkt: Stadtmitte, an der »Gemeindescheune« unterhalb der Kirchenburg.

Parkmöglichkeit: Parkplätze in der Stadt oder an der »Gemeindescheune« gegenüber dem Verkehrsamt.

Gehzeiten: Ostheim – Lichtenburg 1 Std.; hin und zurück 2 Std.

Höhenunterschied: 200 m.

Anforderungen: Für jedermann gut begehbare Wege, ab Wasserwerk Pfad.

Einkehrmöglichkeiten: Die Burg ist bewirtschaftet (Dienstag Ruhetag), Gasthäuser in der Stadt.

Sehenswertes: Kirchenburg mit doppeltem Mauerring und vier Ecktürmen, gut erhaltene Gaden (Vorratskeller). Kirchenfestung und Wehrfriedhof bilden eine Einheit, die als größte erhaltene Bauernburg Deutschlands gelten. Lichtenburg, bis 1819 Sitz des Amtes Lichtenberg. Gut erhaltene Burgruine.

Wir beginnen unsere Wanderung in der ländlichen Kleinstadt **Ostheim** vor der Rhön, und zwar am Parkplatz vor der »Gemeindescheune«. Eine enge Gasse, mit altem Sandsteinpflaster versehen, führt vom Parkplatz zur nahen **Kirchenburg**. Links des Weges, an einer alten Mauer, finden wir gleich zu Beginn unserer Wanderung mehrere Markierungen. Wir wählen uns den *blauen Winkel* des Rhönklubs aus. Er führt uns zunächst durch das alte Tor in den Innenhof der Kirchenburganlage. Vorbei an der Turmseite der Kirche, gehen wir durch eine Mauerpforte wieder aus dem Burgbereich hinaus. Eine vorherige Besichtigung der historischen Kirche und der vielen sie umgebenden Vorratskeller (Gaden oder Kasematten), die das Überleben der Dorfbewohner während kriegerischer Belagerungen gewährleisteten, ist unbedingt zu empfehlen. Auf dem kleinen Burgweg, einer geraden, schmalen Straße, gehen wir an dem rechts liegenden Hallenbad und der Hauptschule vorbei geradeaus weiter, auch wenn unser Wanderzeichen an einer Querstraße nach links abzweigt. Links des Weges deuten Sportanlagen das Ende des Wohnbereichs an. Das letzte Gebäude am geraden Weg ist rechts der

Straße das Landhotel »Thüringer Hof«. Hier endet auch der Straßenausbau. Nach weiteren 100 Metern wenden wir uns an einem Strommast nach links. Wir wandern jetzt auf unbefestigtem Weg durchs Feld bis zum Wasserwerk, an dem wir auch wieder unser Wegezeichen finden. Es begleitet uns nun bis zur Burg. Rechts am Wasserwerk vorbei, folgen wir dem Wanderpfad mit dem *blauen Winkel* – er bringt uns auf der linken Seite des Weingartentales, zwischen durch die Talseite wechselnd, hinauf zur Höhe. Dabei überqueren wir auf schattigem Weg die Zufahrtsstraße zur Burg. Die letzten 200 Meter bleiben wir auf dieser Straße. Die **Lichtenburg** ist bewirtschaftet; der 28 Meter hohe Bergfried, der mit seinen Buckelquadern an die Zeit der Staufer erinnert, dient als Aussichtsturm.
Als **Rückweg** benutzen wir denselben Pfad, bis hinüber zum Wasserwerk. Ab hier bringt uns die Burgstraße geradeaus zur Stadt zurück, bis sie sich als Querstraße nach links wendet und zum Pflasterweg wird. Über die ebenfalls gepflasterte Roßgasse erreichen wir wieder den Parkplatz. Ein Spaziergang durch das altertümliche Städtchen, das an der Streu, einem Nebenfluß der Fränkischen Saale, liegt, ist lohnend und sollte nicht vergessen werden.

In Ostheim finden wir eine der größten Kirchenburgen Deutschlands.

37 Von Roth nach Hillenberg

Wanderung am Osthang der langen Rhön

Roth – Hausen – Eisgraben – Hillenberg – Roth

Talort: Hausen, 443 m; Dorf am Fuß der Hohen Rhön, am Eisgraben gelegen. Durch den Eisgraben wird das Schwarze Moor entwässert. Das Dorf wurde am 26.7.1834 durch Hochwasser verwüstet, ein Braunkohlenflöz wurde freigelegt (Abbau bis 1950). Die Kirche wurde 1741 als Saalbau errichtet.

Ausgangspunkt: Brauerei im Ortsteil Roth, von Hausen über Stetten erreichbar oder über die Hochrhönstraße, Abfahrt Rother Kuppe nach Roth.

Parkmöglichkeit: Gegenüber der Brauerei.

Gehzeit: Rundwanderung 2 Std.

Höhenunterschied: 215 m.

Anforderungen: Für geübte Wanderer problemlos, kleinere Strecken führen über Asphalt.

Einkehrmöglichkeiten: Gasthaus im Weiler Hillenberg.

Sehenswertes: Die Landschaft an der Flanke der Langen Rhön, der Eisgraben als Wildwasserschlucht. Die Frauenhöhle: im Mittelalter vermutlich ein Schlupfwinkel für die Frauen der nahen Hildenburg.

Wir beginnen unsere Wanderung in **Roth**, einem Ortsteil der Gemeinde Hausen. An der Ostseite der Brauerei finden wir am Anfang des Birkenweges als Wegezeichen ein *blaues offenes Ei*, nach dessen runder Seite hin unsere Wegerichtung verläuft. Der Weg »Im Rosengarten« bringt uns oberhalb der Brauerei in die Felder. Am Waldrand biegt der Weg nach rechts und bald wieder nach links, auf den Wald am Lindberg zu. Vorbei an einer Kapelle, geht es den Hang terrassenförmig abwärts, wobei wir Kreuzwegstationen passieren. Mit dem »Rother Weg« kommen wir nach **Hausen**, wechseln nach links in die Stettener Straße, die uns in die Rhönstraße bringt. Hier finden wir als Markierung des Rhönklubs einen *roten Keil*, nach dessen stumpfer Seite wir, wieder nach links gehend, durch den Ort aufwärts wandern. Als Eisgrabenstraße führt der Weg aus Hausen hinaus. Wir folgen ihm, bis die Straße nach etwa 700 Metern nach links biegt. An einem Heiligenhäuschen, das den Hl. Sebastian zeigt, gehen wir geradeaus in den Wald hinauf, dem Eisgraben folgend. Nach ungefähr 2 km verlassen wir den Eisgraben über eine links liegende Holzbrücke. Ab hier führt uns nun als Wegezeichen ein *blauer Keil*, dessen Spitze zurück nach Roth weist. Mit einigen Windungen kommen wir zur Höhe und können, etwa 50 Meter links

Der Hillenberg im Herbstgewand.

des Weges, die **Frauenhöhle** finden (*Hinweistafel*). Sobald wir den Wald hinter uns gelassen haben, wird die Fahrstraße zum Weiler **Hillenberg** zu unserem Wanderweg. Mit dem *blauen Keil* verlassen wir am Rastplatz des Naturparks Bayerische Rhön (rechts des Weges an der Waldspitze gelegen) den Weg zur Ansiedlung, ebenfalls nach rechts gehend. Ein ausgebauter Forstweg führt uns in einem Bogen um den 677 m hohen Schloßberg nach **Roth**, unserem Ausgangspunkt, zurück. Am Zimmerplatzweg haben wir den Kreis unserer Rundwanderung geschlossen.

38 Von Roth zur Hillenburg

Aufstieg zur Burgruine der »Hildenberger«

Roth – Hillenberg, 677 m – Roth

Talort: Roth, 488 m; Brauereidorf am Fuß der Langen oder Hohen Rhön, Ortsteil von Hausen. Landwirtschaftlich geprägt, Brauerei mit Gasthaus, »Rhönpark-Hotel« auf der Rother Kuppe, Fremdenverkehr, Kirche 1960 neu erbaut.
Ausgangspunkt: Dorfmitte von Roth.

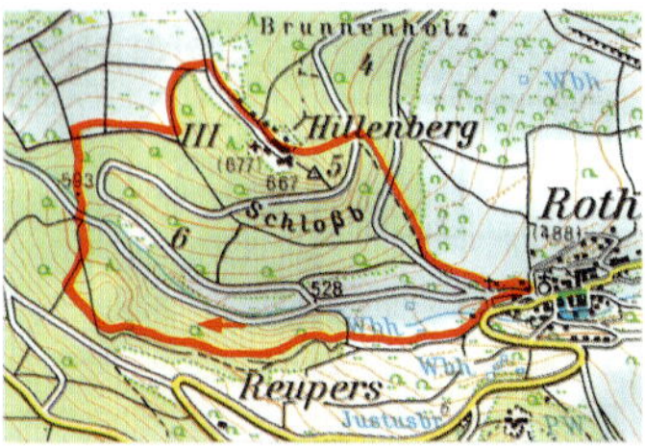

Parkmöglichkeit: Im Dorf vorhanden.
Gehzeit: Rundwanderung 1½ Std.
Höhenunterschied: 189 m.
Anforderungen: Es wird festes Schuhwerk empfohlen.
Einkehrmöglichkeiten: Gasthaus in Hillenberg.
Sehenswertes: Hillenberg mit Bergfriedhof und kleiner Kirche, im Altarraum Gemäldedarstellung des Unwetters vom 26.7.1834, welches den Eisgraben formte. Burgruine des Grafen von Hildenberg, danach würzburgische Amtsburg. Nach der Amtsverlegung nach Fladungen wurde die Burg aufgegeben und zerfiel. Erhalten blieben die Grundmauern der ehemals quadratischen Burganlage, innerhalb derer sich der heutige Weiler Hillenberg befindet.

Wir beginnen unsere Wanderung in der Ortsmitte von **Roth**. An der Kirche vorbei, gehen wir auf der Hauptstraße in Richtung Rother Kuppe – am Ortsrand überqueren wir auf der Brücke den Stettbach. Während die Fahrstraße in einer engen Kurve nach links führt, orientieren wir uns ab der Brücke am *blauen Keil* und wandern, vorbei an einer Feldscheune, geradeaus in das offene Gelände. Wir folgen einer Überlandleitung, verlassen diese aber bald wieder, um zu dem vor uns liegenden Waldeck zu gelangen und im Buchenwald mit dem *blauen Keil* bergan zu wandern. Bald treffen wir auf einen Querweg. Hier verlassen wir die blaue Markierung, die nach links entlang des Wiesenrandes zur Thüringer Hütte führt. Wir wenden uns nach rechts und laufen auf einem spärlich befahrenen Weg allmählich hinunter in das Tal des Reupersgrabens. Als Wegezeichen haben wir hier die Zahl *1*, eine Markierung für den Rundweg des Naturparks Rhön. Über das Wasser des Stettbaches führt uns ein Holzsteg. Der Wanderweg steigt jetzt wieder bergan, im Frühling duftet hier der Bärlauch. Bald treten wir aus dem Wald. Das vor uns liegende Gelände wird landwirtschaftlich genutzt, deshalb gehen wir rechts am Waldrand weiter und erreichen einen Fahrweg, der vom Tal kommend zur Höhe führt. Auf ihm wandern wir aufwärts, am Waldrand bleibend, bis wir auf eine asphaltierte Straße treffen. Hier finden wir rechter Hand einen Rastplatz mit zwei *Wegetafeln* des Naturparks Rhön. Jenseits der Fahrstraße liegt ein Zeltplatz des Landkreises Rhön-Grabfeld. Sein

Wirtschaftsgebäude liegt links der Straße in Richtung Weiler Hillenberg, dessen Häuser wir schon sehen können. Sie scharen sich um die Ruine der ehemaligen **Hillenburg**. Einige Bauernhäuser, ein kleiner Bergfriedhof, ein 1950 erbautes Kirchlein mit eindrucksvollem Gemälde im Altarraum und ein einfaches Gasthaus mit guter Einkehrmöglichkeit erwarten uns. Den **Rückweg** nach Roth finden wir als Pfad zwischen dem Gasthaus und dem dazugehörenden Stallgebäude am Rande des Waldes. Er führt in etwa 30 Minuten den Hang des Schloßberges hinab in das Dorf. Zunächst hält er sich etwas nach rechts, dann überquert er zwei Holzabfuhrwege. Dort, wo sich der Wald links lichtet, erreichen wir geradeausgehend den Fahrweg von Hillenberg hinunter nach **Roth**. Auf ihm kommen wir rasch in das Dorf zurück.

Blick auf Roth am Fuße des Hillenberges.

39 Vom Steinernen Haus nach Oberelsbach

Wanderung östlich der Hochrhönstraße

Steinernes Haus – Oberelsbach – Steinernes Haus

Talort: Ginolfs, 450 m; kleines, bäuerliches Dorf, am Sonderbach gelegen. Ferienort. Über die Straße von Bischofsheim nach Oberelsbach zu erreichen, Abzweig in Ortsmitte von Weisbach.
Ausgangspunkt: Rastplatz »Steinernes Haus«. Erreichbar von Ginolfs in Richtung Hochrhönstraße; nach etwa 4 km in einer Kurve gelegen (Hinweistafel).
Parkmöglichkeit: Am Rastplatz.
Gehzeiten: Steinernes Haus – Oberelsbach 1 Std. 20 Min., Oberelsbach – Schweinfurter Haus 1 Std., Schweinfurter Haus – Steinernes Haus 1½ Std.; Gesamtgehzeit knapp 4 Std..
Höhenunterschied: 350 m.
Anforderungen: Für geübte Wanderer empfehlenswert; Rundwanderung.
Einkehrmöglichkeiten: Haus des Rhönklub-Zweigvereins Schweinfurt (Montag Ruhetag). Am Ende der Rundwanderung Imbißstand.
Sehenswertes: Im Sommer blumenübersäte Bergwiesen (Silberdisteln, Enziane). In Oberelsbach neben der barocken Kirche das Geburtshaus des Barock-Komponisten Valentin Rathgeber (1687–1750). Der Elsbach hat in seinem Oberlauf eine Versickerung. In der Elsbachschlucht seltene Flora.

Dieser Wanderweg führt vom **Steinernen Haus** rechts am See vorbei nach Oberelsbach. Ein *blauer Tropfen* zeigt uns den Weg. Auf einem Fahrweg nach links gehend, treffen wir nach etwa 500 Metern einen *Wegweiser* des

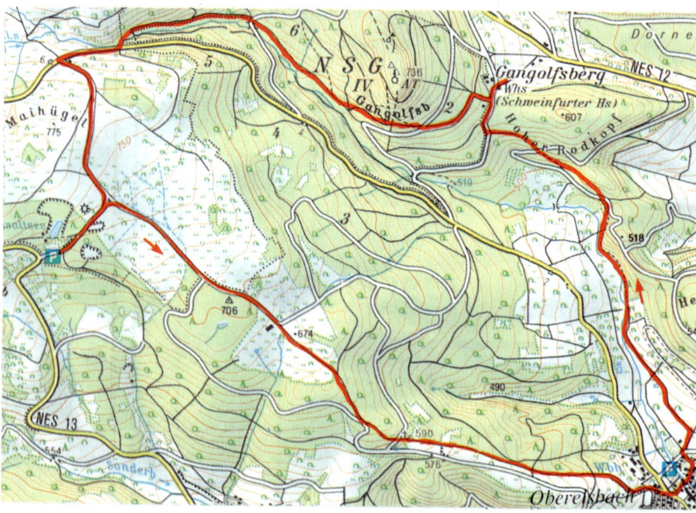

Säulenbasalt-Formation am Steinernen Haus.

Rhönklubs. An ihm wenden wir uns nach rechts und auf gleicher Höhe bleibend, geradeaus. Unser Wanderweg verläuft auf einer alten Wegspur der Oberelsbacher Jungviehweide. Am Haus des ehemaligen Viehstalles vorbei, gehen wir geradeaus. Unter alten Buchen stehen im Herbst am Waldrand Silberdisteln und Enziane. Im Wald achten wir auf unser Wegezeichen, das uns an einer Gabelung links weiterführt. Der Weg verläuft abwärts in einem Bogen nach links und zum Waldrand. An einer Kapelle gehen wir nach rechts über Magerrasen abwärts zum Dorf **Oberelsbach**. Auf der linken Seite begleitet uns ein Mischwald mit Schwarzkiefern talwärts. Mit dem Sportplatz erreichen wir die Marktgemeinde. Wir überqueren die Straße und gehen auf dem Weg zur alten Stadtmauer. Dieser folgen wir nach links und stoßen auf einen Querweg, auf dem wir nach rechts über die Brücke weitergehen. An der Rathgeberstraße wechselt unser Wanderzeichen. Den Weg zeigt uns ab jetzt ein *rotes volles Dreieck*, dessen stumpfe Seite in unsere Wanderrichtung weist. Entlang einer Stromleitung geht es auf einem Feldweg weiter. Am zweiten Mast knickt unser Weg nach links ab und führt zum Waldrand. Dort gehen wir am Wasserlauf des Elsbaches bergauf, verlassen diesen aber schon bald. Aufwärtsgehend überqueren wir zweimal eine Forststraße und folgen dem Weg bis zum **Schweinfurter Haus**, einer Hütte das Rhönklubs. Mit dem *roten Keil* geht es danach zuerst eben, dann langsam bergan. Wenn wir den Wildbach wieder an unserer linken Seite haben, verschmälert sich das Tal allmählich zur Schlucht, der Weg wird zum Pfad. Über einen Holzsteg gelangen wir zur anderen Seite des Elsbaches und kommen nach einer kurzen, aber steilen Kletterpartie aus der Grabenschlucht zur Straße, der wir ungefähr 300 Meter nach rechts folgen. Am Haus einer ehemaligen Schäferei, das links der Straße steht, führt uns unser Wegezeichen über einen Schotterweg wieder zurück zum Basaltsee am **Steinernen Haus**.

40 Zum Gangolfsberg

Vorbei an Naturdenkmälern

Steinernes Haus – Elsbachgraben – Gangolfsberg, 773 m – Thüringer Hütte – Ilmenberg, 787 m – Steinernes Haus

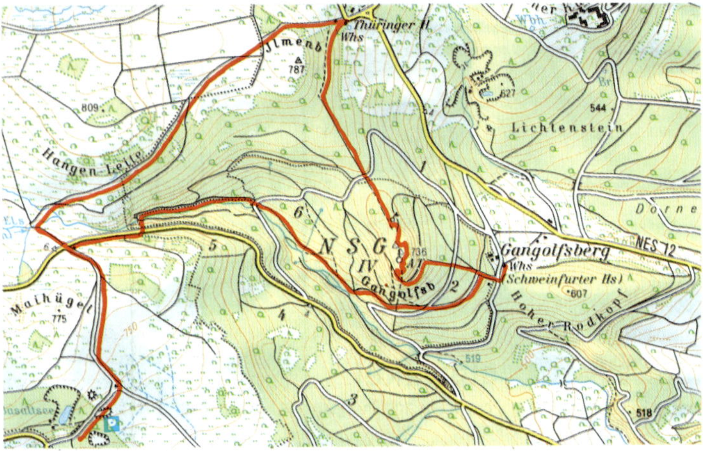

Talort: Gingolfs, 450 m; kleines, ländliches Dorf mit schönen Fachwerkhäusern, Ferienort. Anfahrt wie bei Tour 39. Der Parkplatz »Steinernes Haus« ist auch über die Hochrhönstraße Bischofsheim – Fladungen erreichbar. Abfahrt Richtung Gingolfs, nach 2 km links im Wald zum Parkplatz.

Ausgangspunkt: Parkplatz »Steinernes Haus«, liegt in einem ehemaligen Basaltsteinbruch mit kleinem Badesee. Bänke und Getränkekiosk (Imbiß) in geschützter Lage.

Parkmöglichkeit: Am Ausgangspunkt.

Gehzeiten: Rundweg. Bis Schweinfurter Haus 1½ Std., Schweinfurter Haus – Thüringer Hütte 1 Std., Thüringer Hütte – Parkplatz 1 Std.; Gesamtgehzeit 3½ Std.

Höhenunterschied: 190 m.

Anforderungen: Starke Steigungen am Gangolfsberg.

Einkehrmöglichkeiten: Schweinfurter Haus (Montag Ruhetag). Gasthof Thüringer Hütte.

Sehenswertes: Elsbachgraben, Prismenwand (Säulenbasalt) am Gangolfsberg, interessante Bergwiesen (Rhönmatten) mit reicher Botanik.

Unser Wanderzeichen ist vorerst der *rote Keil* des HWO 5, das uns vom **Rastplatz** links am See vorbeiführt. Mit ihm kommen wir rasch auf eine Hochfläche mit bunten Wiesen. Am Haus einer ehemaligen Schäferei erreichen wir die Straße nach Oberelsbach, auf der wir (rechts) etwa 300 Meter bleiben, bevor wir an einem *Hinweisschild* die Straße nach links

Auf den Matten der Rhön.

verlassen. Mit steilem Abstieg, der über eine Holzbrücke führt, erreichen wir hier den wildromantischen **Elsbachgraben** mit seltener Flora. Nach etwa 3 km treffen wir auf das **Schweinfurter Haus**, eine Rhönklub-Hütte mit guter Einkehrmöglichkeit. Ab hier wechselt unser Wanderzeichen: Mit einem *grünen Winkel* gehen wir bergwärts. Dem Naturlehrpfad folgend, kommen wir nach kurzer Zeit zur Prismenwand, einem Naturdenkmal aus Säulenbasalt, und danach, den Pfad abwärts gehend, zum Teufelskeller. Von dort müssen wir jedoch zurück auf den oberen Pfad, denn unser Wanderweg führt mit vielen Windungen hinauf zum Gipfel des 773 m hohen **Gangolfsberges**. Oberhalb der Prismenwand erreichen wir auf dem Pfad einen Aussichtspunkt mit guter Fernsicht. Auf der Höhe finden wir die Reste eines Aussichtsturmes und kurz danach die einer ehemaligen Kapelle.

Ganz allmählich fällt unser Wanderweg. Kurz nachdem der Abstieg steiler wird, treten wir in der Nähe eines Skiliftes aus dem Wald. Etwas rechts vor uns sehen wir den Gasthof **Thüringer Hütte** und daneben ein Jugendhaus der katholischen Kirche, das allerdings keine Einkehr ermöglicht. Hier wechselt wieder unser Wanderzeichen. Ein *blauer Keil* weist mit seiner Spitze den Hang des 787 m hohen **Ilmenberges** hinauf, dessen Gipfel wir aber umgehen. Auf schönen Wiesenwegen wandern wir nun beschwingt über die berühmten Matten der Rhöner Borstgraswiesen. Der Weg wird eben und führt durch eine Waldecke hinein in das grabenähnliche Alsbachtal. Nach Überschreiten des noch jungen Elsbaches treffen wir wieder auf die Straße nach Oberelsbach, die auch Franzosenweg genannt wird. An der ehemaligen Schäferei vorbei, führt uns die *rote Markierung* am Hang des 775 m hohen Maihügels entlang wieder zurück zu unserem Ausgangspunkt am **Steinernen Haus**.

41 Um die Rother Kuppe zum Silbersee

Ausflug zu einem idyllischen Kratersee

Roth – Silbersee – Roth

Talort: Roth, 488 m; Brauereidorf am Fuß der Langen oder Hohen Rhön, Ortsteil von Hausen. Landwirtschaftlich geprägt, Brauerei mit Gasthaus, Rhönpark-Hotel auf der Rother Kuppe, Fremdenverkehr, Kirche 1960 neu erbaut.
Ausgangspunkt: Parkplatz »Rother Kuppe«, 2,5 km oberhalb des Dorfes Roth gelegen.

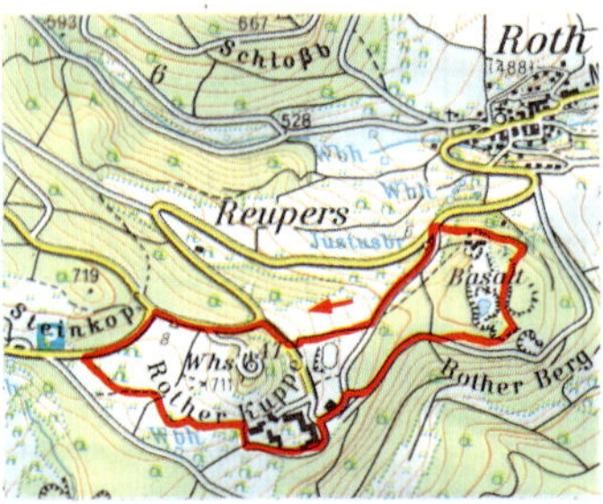

Parkmöglichkeit: Am Ausgangspunkt oder am Wanderheim des Rhönklub-Zweigvereins »Rother Kuppe«.
Gehzeiten: Rundweg, etwa 1½ Std.
Höhenunterschied: 140 m.
Anforderungen: Typische Mittelgebirgstour.
Einkehrmöglichkeiten: Wanderheim des Rhönklubs »Rother Kuppe« mit Aussichtsturm, ganzjährig geöffnet (Montag Ruhetag).
Sehenswertes: Der in einem Krater eines aufgelassenen Steinbruchs idyllisch gelegene Silbersee mit Felswandkulisse. Gegen Ende der Wanderung gute Fernsicht zur thüringischen Rhön und zum Thüringer Wald, zur Stadt Meiningen und zu den beiden Gleichbergen bei Bad Königshofen.

Unsere Wanderung beginnt am Parkplatz **Rother Kuppe**, der unterhalb der Rother Kuppe an der Straße Hochrhön – Roth liegt. Wir gehen zur Straße, die zur Thüringer Hütte abzweigt. Dieser folgen wir, bis nach etwa 500 Metern ein Weg nach links abzweigt. Auf dieser landwirtschaftlich genutzten Fahrstraße gehen wir geradeaus, bis wir an eine Wegkreuzung gelangen, an der uns ein Hinweisschild nach links zum *»Rhönpark-Hotel«* weist, das wir an dessen Hallenbad erreichen. Vorbei am Hotelkomplex kommen wir zum Kinderspielplatz. An seinem unteren Rand führt unser Wanderweg geradeaus zum Wald, auf dessen Forststraße unsere Wanderroute verläuft. Am zweiten Weg, der nach links aufwärts geht, zeigt ein *Hinweisschild* zum Silbersee. Auf neuem Weg geht es sanft bergan und nach etwa einer Viertelstunde sind wir am idyllischen, von Felswänden umgebenen **Silbersee**. Er ist im Krater eines Steinbruchs unterhalb des 639 m hohen Gipfels des Rothbergs entstanden, sein klares Bergwasser ist äußerst fischreich. Dort, wo der Weg endet, steigen wir nach rechts eine Treppe hinab zu unserem nächsten Weg, dem wir nach links, vorbei an den Bauruinen des früheren Schotterwerkes, folgen. Bald treten wir aus dem Wald, und unser Weg trifft auf die alte Verbindungsstraße von der Rother Kuppe zum Dorf Roth, die heute nur noch von landwirtschaftlichen Fahrzeugen zum Bestellen der Wiesen und Äcker benutzt wird. Dort, wo wir zur alten Straße kommen, liegt jenseits des Weges, in den Hecken fast versteckt, der Justus-Brunnen, der 1883 vom Rhönklub in Erinnerung an seinen Gründer, Dr. Justus Schneider aus Fulda, angelegt wurde. Die alte Fahrstraße bringt uns zur Höhe, und mit jedem Meter, den wir aufwärts wandern, verbessert sich die Aussicht auf die Berge der thüringischen Rhön bis hin zum Thüringer Wald. Huts- und Neuberg sind durch einen eingesunkenen Rücken miteinander verbunden, bei den Rhönwanderern als das »Große Kanapee« bekannt. Rechts davon erhebt sich, bis zum Gipfel von Feldern bedeckt, die Hohe Geba. Bei schönem Wetter erkennen wir rechts der Geba die Talsenke, die sich, einer Toreinfahrt gleich, nach Meiningen zu erstreckt. Auf der Höhe angekommen, treffen wir als Querweg auf die Zufahrtsstraße zum Rhönpark-Hotel und gelangen auf ihr, nach rechts gehend, zum Parkplatz am **Rother Kuppe** zurück.

Die Rother Kuppe mit ihrem Aussichtsturm.

42 Über den Bauersberg zur Kalten Buche

Wanderung über die Bergwiesen der Hohen Rhön

Rothsee – Bauersberg – Kalte Buche – Rothsee

Talort: Bischofsheim v.d.Rh., 440 m; am Fuße des Kreuzbergs gelegen, dem »heiligen Berg Frankens«. Hat sich angeblich aus einem Kloster entwickelt. Die Reste der runden Stadtmauer stammen aus dem Mittelalter. Bischofsheim ist einer der seltenen Rundlinge in Unterfranken. Von oben erkennt man den alten Stadtkern an den roten Ziegeldächern. Zentturm, Pfarrkirche von 1607 im Julius-Stil, zwei Stadtbrunnen mit Becken aus in Bischofsheim gegossenen Ofenplatten.
Ausgangspunkt: Parkplatz »Rothsee«, erreichbar von Bischofsheim über die Hochrhönstraße, Abzweig am Bauersberg rechts vor dem Wald, 4,5 km.
Parkmöglichkeit: Am Ausgangspunkt.
Gehzeiten: Rundwanderung, zur Kalten Buche 1 Std., Rückweg 1½ Std.; Gesamtgehzeit 2½ Std.
Höhenunterschied: 100 m.
Anforderungen: Leicht begehbar, kaum Steigungen.
Einkehrmöglichkeiten: Fischerhütte am Rothsee.
Sehenswertes: Ehemaliger Braunkohleabbau mit Lehrpfad, Felsengebilde der Kalten Buche, gute Fernsicht zum Thüringer Wald. Typische Rhönwiesen mit seltener Bergflora: Silberdistel, Prachtnelke, Arnika, Knabenkraut. Im Sommer vielstimmiger Lerchengesang.

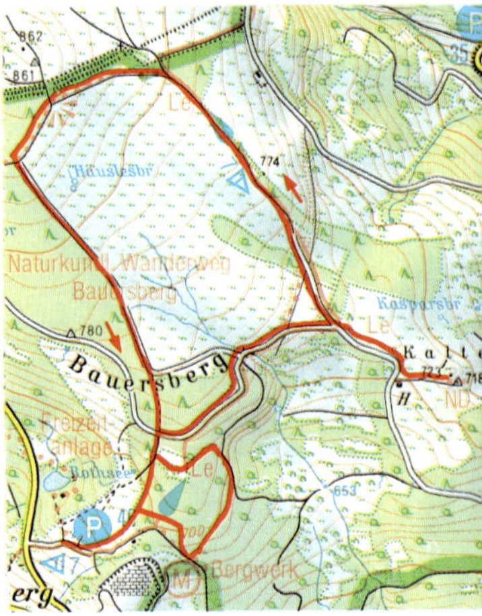

Vom Parkplatz **Rothsee** folgen wir dem naturkundlichen Wanderpfad am Bauersberg bergwärts zum Stolleneingang des ehemaligen Braunkohleabbaus. Wir bleiben zunächst auf dem *Lehrpfad*, der abwärts führt und dann durch Wald am Rande eines kraterartigen Basaltsteinbruches wieder ansteigt. Vorbei an erklärenden Hinweistafeln, gehen wir oben nach links und treffen auf eine Rhönklub-Wegemarkierung, deren *blauer Tropfen* uns auf einem alten Fahrweg, vorbei an ehemaligen Ackerfluren, weiter zur Höhe und aus dem Wald bringt. Unser Wanderweg führt über schöne Bergwiesen, auf gleicher Höhe bleibend, geradeaus weiter. Auf einem Schotterweg zieht er langsam nach rechts und geht, nun etwas abfallend, in eine Fahrstraße über. Wenn sich die Straße bald in einem Winkel nach rechts und weiter abwärts zu einem ehemaligen Stallgebäude zieht, gehen wir geradeaus über die Wiese zum vor uns liegenden Felshügel, der **Kalten Buche** (weite Rundsicht).

Der Rothsee.

Der **Rückweg** verläuft zunächst auf dem gleichen Weg. Dort, wo sich unser Herweg mit der Fahrstraße trifft, gehen wir nach rechts, dem Heckenverlauf folgend, weiter. An einigen Stellen dieses Weges können wir Teile der mittelalterlichen Grenzbefestigung der Henneberger, »Hähl« genannt, entdecken. Unser Weg führt geradeaus weiter, bald haben wir rechter Hand einen Heckenzug, und in einer halben Stunde erreichen wir an einem Querwald das Naturschutzgebiet **Lange Rhön**. Hier wenden wir uns nach links und finden nach etwa 1 km an der Wiesenecke den *blauen Tropfen* als Wegzeichen wieder, mit dem wir nach links abbiegen (*blauer Tropfen* geradeaus). Wir umwandern in einem Rechteck die große Wiesenfläche, auf der oft Schafherden weiden. Der *Markierung* folgend, geht es zunächst geradeaus, am Waldrand entlang, bis wir an die Stelle gelangen, an der wir den blauen Tropfen verlassen hatten. Nach rechts abbiegend, gehen wir mit ihm abwärts zurück zum **Rothsee**, wo wir in der Fischerhütte einkehren können.

43 Von Heubach nach Schmalnau

Wanderung über die Wasserscheide von Hessen nach Bayern

Heubach – Motten – Hohe Kammer, 690 m – Schmalnau

Talort: Heubach, 400 m; Ortsteil der Gemeinde Kalbach. Alte Dorflinde als Mittelpunkt eines Rondells (von 1696), dessen kreisförmige Mauer mit Rundumsitzbank als Dorfgerichtsplatz diente. Typisches kleinbäuerliches Dorf. Wird von den Rhönern »das Dorf der schönen Männer« genannt. Außer mit Pkw auch mit Linienbus von Fulda erreichbar. Rückfahrt von Schmalnau mit dem Zug nach Fulda.
Ausgangspunkt: Die Dorflinde.
Parkmöglichkeit: Im Dorf.
Gehzeiten: Heubach – Motten 1½ Std., Motten – Hohe Kammer 1 Std., Hohe Kammer – Schmalnau 1 Std.; Gesamtgehzeit 3½ Std.
Höhenunterschied: 330 m.
Anforderungen: Der Weg führt über drei Höhenzüge mit gut begehbaren Wanderwegen. Die Straßen durch die Ortschaften sind asphaltiert.
Einkehrmöglichkeiten: Brauereigasthof und Ghf. »Zur grünen Au« in Motten, mehrere Gaststätten in Schmalnau.
Sehenswertes: Historische Grenzsteine, altes Feldkreuz (gute Sicht nach Hessen), vom Jagdhaus »Hohe Kammer« Blick zur Stadt Fulda. Das Jagdhaus wurde vom Bayernkönig Ludwig I. während der Auerhahnjagd benutzt. Alter historischer Ziehbrunnen im Weiler Frauenholz.

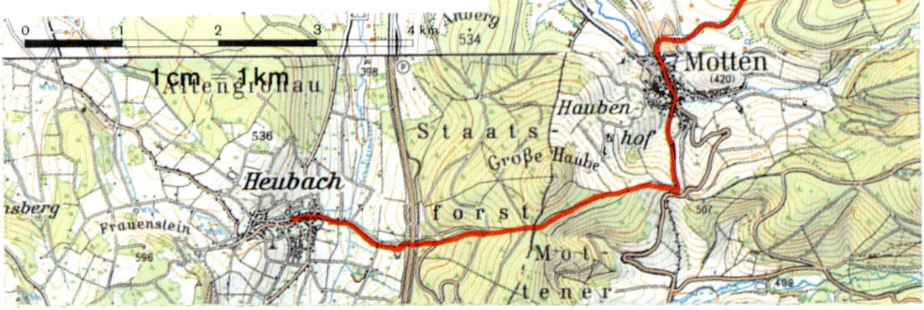

Unser Wanderweg beginnt im Dorf **Heubach**, heute ein Ortsteil der Großgemeinde Kalbach, an der Dorflinde. Die *gelbe Markierung* des Rhönklubs für die gesamte Wegestrecke nimmt hier ihren Anfang. Bis an die Landesgrenze auf dem Sattel zwischen der Großen und der Kleinen Haube begleitet uns als *roter Keil* die Markierung des HWO 6. Dem Wegzeichen folgend, gehen wir zunächst auf der Kothener Straße talwärts, links am Forsthaus vorbei, unterqueren die Autobahn und verlassen die Straße, geradeaus weitergehend, wenn diese in der Kurve nach rechts weiterführt. Auf dem aufwärts steigenden Weg, der bald zum Pfad wird, gelangen wir zum Sattel und zur Landesgrenze zwischen den Bundesländern Hessen und Bayern, die durch historische *Grenzsteine* gekennzeichnet ist. Ein Stichweg führt entlang der Grenzsteine nach links zum Aussichtsturm auf den Gipfel der 658 m hohen **Mottener Haube**, der einen umfassenden Fernblick auf alle berühmten Rhönberge gewährt. Nach diesem Abstecher kehren wir zur Wegekreuzung zurück. Am *Wegweiser* des Rhönklubs verläßt uns hier die rote Markierung, die in südlicher Richtung über die Kleine Haube weiterführt. Unsere Wanderweg aber folgt dem *gelben Markierungszeichen* gen Osten, d.h. vom Aussichtsturm her kommend nach links. Langsam senkt sich der Waldweg, der nach kurzer Zeit am Waldrand entlang führt, zur **Mottener Höhe**, die wir am Rastplatz, auf dem ein Steinkreuz steht, erreicht haben. Die Mottener Höhe ist ein Teil der Wasserscheide zwischen Main und Weser, die sich vom Ellenbogen in Thüringen bis zum Distelrasen in Hessen über die Rhön zieht. Das nordwärts im Tal liegende Dorf **Motten** ist der einzige Ort Bayerns, der sein Wasser zur Weser hin entsendet. Unser Weg geht vor dem Wasserbehälter nach links talwärts zum Dorf Motten, das wir geradeaus durchwandern. Fast am Ende des Ortes biegen wir von der Fuldaer Straße nach rechts in die Dalherdaer Straße ein. Auf dieser Straße bleiben wir, das Dorf bergan wandernd verlassend, bis wir nach wechselnden Biegungen den Wald erreichen. Dort, wo der Buchenwald beginnt, biegen wir, noch der *gelben Markierung* folgend, nach links ab und wandern auf einem wenig befahrenen Weg bergan. Wir überqueren dabei drei Holzabfuhrwege und gehen auf dem vierten Weg nach links weiter, der sich bald in einem Bogen nach rechts zieht. Führt der Weg wieder nach links, haben wir bald, auf gleicher Höhe bleibend, das Jagdhaus **Hohe Kammer** erreicht. Hier ging der bayerische König Ludwig I. des öfteren zur Auerhahnjagd, wenn er im nahen Staatsbad Brückenau zur Kur weilte. Noch heute wird der steinerne Wassertrog vor dem Jagdhaus scherzhaft als »Badewanne der Lola« bezeichnet. Hinter dem Haus beginnt der Abstieg durch den Wald des Schluppberges zum Ort **Oberstellberg**. Am Waldrand wechseln wir wieder von Bayern nach Hessen, gehen auf dem *Rotdornweg* abwärts zur Straße nach Mittelstellberg und biegen hinter einem Bildstock nach rechts aufwärts zum Weiler **Frauenholz**. Im Ortsbereich steht links des Weges ein alter Ziehbrunnen, unterhalb dessen zeigt unsere Wegmarkierung nach links zum Wald, den wir durchschreiten. Sobald der Wald zurückbleibt, folgen wir dem Weg am Sportplatz vorbei nach rechts, dem nahen Dorf **Schmalnau** entgegen, das vor uns an der Bahnlinie Fulda – Gersfeld im Fuldatal liegt. Hier haben wir unser Wanderziel erreicht.

44 Über den Mittagsfleck am Teufelsberg zum Himmeldunkberg

Ein fast »alpiner« Wanderweg

Oberweißenbrunn – Mittagsfleck am Teufelsberg – Himmeldunkberg, 870 m – Oberweißenbrunn

Talort: Oberweißenbrunn, 630 m. Erste urkundliche Erwähnung 1234, nachdem Graf Otto von der Bodenlauben Grundherr dieses Gebietes wurde. Es entstand als »das Dorf am oberen Wiesenbrunnen«. Höchstgelegene Ortschaft in der bayerischen Rhön und im Regierungsbezirk Unterfranken. Bedeutender Ferienort.

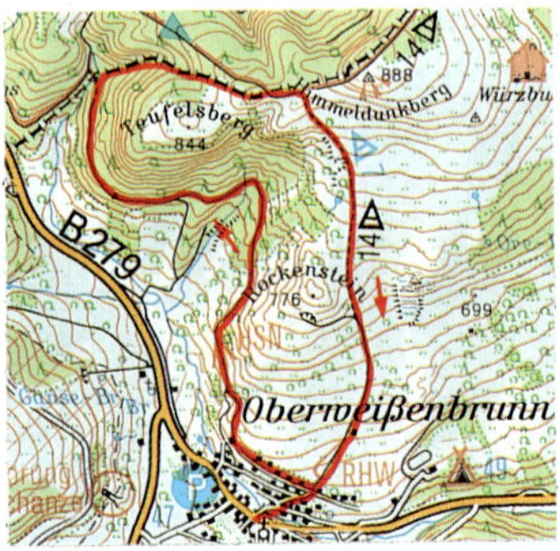

Ausgangspunkt: Ortsmitte.
Parkmöglichkeit: Am Kirchberg, vor dem Friedhof, in den Seitenstraßen, jedoch nicht auf der Durchgangsstraße, der B 279.
Gehzeiten: Gesamtwanderstrecke etwa 1 Std. 50 Min.
Höhenunterschied: 220 m.
Anforderungen: Leichte Steigungen.
Einkehrmöglichkeiten: Drei Gasthäuser in Oberweißenbrunn.
Sehenswertes: Blick zu den Bergen im Truppenübungsplatz Wildflecken, die nicht zugänglich sind. Vom Himmeldunkberg weite Sicht. Beim Abstieg sind in flachen Hanglagen mittelalterliche Feldfluren erkennbar (Hochäcker). Der Rückweg führt am felsigen Berg Rockenstein (Rauher Stein) mit deutlich sichtbarem Säulenbasalt vorbei.

Wir beginnen unsere Rundwanderung in **Oberweißenbrunn**, dem höchstgelegenen Dorf der fränkischen Rhön. Von der Geigensteinstraße biegen wir an dem Telefonhäuschen in die Mühlackerstraße ein. Der gegenüberstehende Wegweiser des Rhönklubs sagt uns, daß wir vorerst mit dem *offenen Ei* des Rhön-Höhenweges und dem *roten Winkel* des Hauptwanderweges Süd-Nord (HSN) als Wegezeichen gehen. Zuerst etwas abwärts laufend, überqueren wir die zur Fränkischen Saale hinstrebende Brend, um dann gleich bergan zu schreiten. Geradeaus gehend, erreichen wir den *Rockensteinweg*, der uns, ziemlich ansteigend, zum Dorfrand bringt. Hier verlassen wir den Rhön-Höhenweg, der weiter zum Gipfel des Himmeldunkberges führt, und vertrauen uns der Markierung des HSN mit seinem *roten Winkel* an, um mit ihm auf dem Hirtenweg nach links zu gehen. Bald bleiben die Häuser zurück, und unser Weg führt als Schotterstraße, behutsam ansteigend, weiter in den nahen Buchenwald. Wir wandern an der ausgebauten Quelle des Gutzemes-Hag-Brunnens vorbei und verlassen etwa 5 Minuten später den HSN. Ein

Wegeschild weist uns nach rechts den Hang hinauf zum Mittagsfleck, zu dem uns ein wenig befahrener Weg und die Nummer *3* als Wegzeichen des Naturparks leitet. Gleich gabelt sich der Weg, und wir entscheiden uns für den linken, auf dem wir rasch zu einer überschatteten, natürlichen Terrasse kommen, auf der früher die Schafherden Mittagsrast hielten. Durch Fichtenwald führt der Weg weiter bergauf. Auf dem Sattel zwischen Teufelsberg, Simmelsberg und Himmeldunkberg treffen wir auf die Steine der Landesgrenze zwischen Bayern und Hessen. Ihnen folgend gehen wir nach rechts. Am Wegweiser des Rhönklubs wandern wir auf dem Rhön-Höhenweg, entgegen seiner bergwärts gerichteten Markierung, talwärts und somit zurück in Richtung Oberweißenbrunn. Wir sind erstaunt über die vielfältige Bergwelt, die sich unseren Blicken bietet. Südostwärts schauen wir weit hinaus in das fränkische Land und links davon zum Kamm des Thüringer Waldes. Mit Blick zum Kreuzberg wandern wir talwärts und treffen am Ortsrand wieder die Stelle, an der wir auf dem HSN nach Norden wanderten. Auf den uns schon bekannten Straßen kehren wir ins Dorf und zu unserem **Ausgangspunkt** zurück.

Der Himmeldunkberg.

45 Von Oberweißenbrunn zum »Heiligen Berg der Franken«

Wanderung auf den höchsten Gipfel der Bayerischen Rhön

Oberweißenbrunn – Kreuzberg, 928 m – Oberweißenbrunn

Talort: Oberweißenbrunn, 630 m; Ortsteil von Bischofsheim vor der Rhön, das Dorf »am oberen Wiesenbrunnen«, im oberen Tal der Brend. Altes Straßendorf, 1234 erstmals erwähnt. Die Kirche ist ein Neubau von 1961, die Altäre sind Arbeiten von Josef Kessler um 1749, sie wurden aus der alten Kirche übernommen. Die beiden Hügel oberhalb des Dorfes werden im Volksmund »Rhön-Busen« genannt. Sie gelten als mittelalterliche Wehranlagen. Oberweißenbrunn ist heute ein bekannter Ski- und Fremdenverkehrsort.
Ausgangspunkt: Dorfmitte.
Parkmöglichkeit: An der Kirche, Friedhofsparkplatz oder in den Seitenstraßen, jedoch nicht auf der Durchgangsstraße, der B 279.
Gehzeiten: Rundwanderung, 3 Std.
Höhenunterschied: 300 m.
Anforderungen: Für geübte Wanderer. Zumeist Wiesenwege.
Einkehrmöglichkeiten: Im Kloster, im Kreuzberghof oder im Ghf. Hohn hinter dem Kloster.
Sehenswertes: Freie Bergwiesen mit bedeutender Bergflora (Silberdisteln, Enziane). Sehenswerte Kirche, Kloster mit Brauerei. Weite Fernsicht zu Spessart, Vogelsberg, Taunus und Thüringer Wald.

Die Klosterkirche auf dem Kreuzberg.

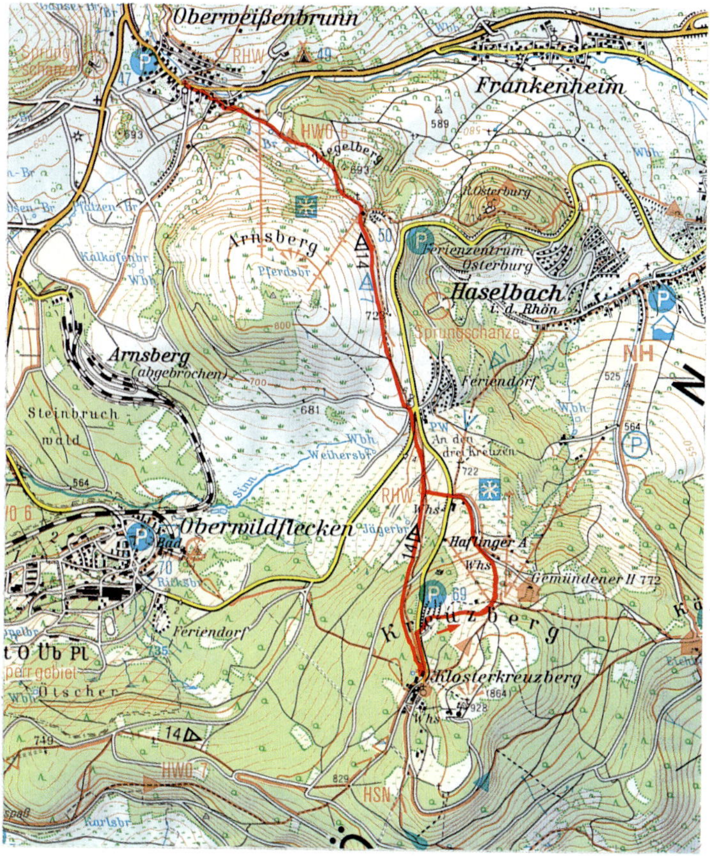

Den »Asenberg« nannten ihn die Germanen. Zum »Eschenberg« wurde er nach der Christianisierung. Als anno 1681 ein Stadthauptmann aus Bischofsheim dem Kloster einen Holzspan vom Kreuz Christi von einer Pilgerreise mitbrachte und diesen als Reliquie der Klosterkirche zur Verfügung stellte, entstand der heutige Name »Kreuzberg«. Er ist der zweithöchste Berg der Rhön. Der Wanderweg zum Kreuzberg, der den besten Ausblick weit und breit bietet, beginnt in **Oberweißenbrunn**. Von der Geigensteinstraße biegen wir an der unterhalb der Kirche gelegenen Bushaltestelle in den *Mühlrund-*

Das Wahrzeichen des Kreuzberges sind die drei Kreuze.

weg ein, der uns aus dem Dorf führt. Unsere Wanderroute ist mit zwei *roten* Markierungen gekennzeichnet: dem *offenen Ei* des Rhön-Höhenweges und dem *Winkel* des HSN, die beide vom Kreuzberg herunterführen. Wir wandern jedoch in entgegengesetzter Richtung. An dem mit einem Gedenkstein versehenen Brunnen beginnt der Aufstieg, der uns durch zwei Waldzipfel und am Ziegelberg vorbei in offene Landschaft bringt. Dabei kreuzen wir zwei Skilifte. Bald wird der Anstieg sanfter, und der Weg ist zusätzlich mit *Nebelpfählen* markiert.

An der Flanke des Arnsberges geht es leicht abwärts zur Straße, die von Wildflecken heraufführt und an einer Steinkapelle in die Bischofsheimer Kreuzbergstraße einmündet. Wir überqueren die Wildfleckener Straße und gehen rechts entlang der Zufahrtsstraße zum Kloster Kreuzberg auf dem Wiesenweg weiter, der sich in einem Bogen nach rechts dehnt. Durch einen Waldgürtel geht es auf dem früheren Klosterweg wieder bergan. Die nun unwegsame Strecke endet 200 Meter vor dem Kloster auf der Versorgungsstraße. Unterhalb des 928 m hohen **Gipfels**, zu dem eine Treppenanlage führt, liegt das **Franziskanerkloster**, dessen Grundstein 1681 gelegt wurde. Es besitzt eine schöne Barockkirche, deren Besuch sehr zu empfehlen ist. 1731 wurde den Mönchen das Braurecht erteilt. Wegen des weiten Rundblickes ist eine Besteigung des Gipfels lohnend. Einen Rundgang um das Plateau, vorbei am Sendemast, beenden wir nördlich am Lifthang beim »Bischofsheimer Blick«.

Durch die Wiesen gehen wir nun abwärts und treffen am Gasthof **Haflinger Alm** einen Querweg. Hier wenden wir uns nach links. Auf dem Schotterweg geht es bergab zur Fahrstraße, die wir überqueren müssen. Von hier aus wandern wir, nun in vorgeschriebener Richtung, mit den beiden *roten Markierungen*, wieder an der Kapelle vorbei, auf dem uns bekannten Weg nach **Oberweißenbrunn** zurück.

Die Figur des Frankenapostels St. Kilian, in der Nähe des Kreuzbergklosters.

46 Vom Irenkreuz zum Neustädter Haus

Wanderung auf einem alten Wallfahrerweg

Irenkreuz – Neustädter Haus – Irenkreuz

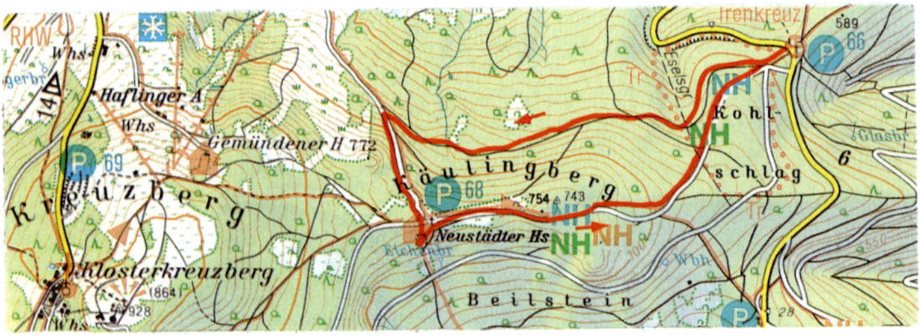

Talort: Bischofsheim an der Rhön, 447 m; ländliche Kleinstadt mit mittelalterlichem Stadtbild. Mauerring fast vollständig erhalten. Marktplatz mit zwei gußeisernen Brunnen (1582). Romanischer Zentturm. Stadtkirche, nachgotische Basilika um 1610. Holzschnitzerschule, Industrie, Fremdenverkehr.
Ausgangspunkt: Parkplatz am Irenkreuz, an der Straße von Bischofsheim nach Bad Kisingen gelegen. Etwa 4 km Fahrt zur Höhe am Langenberg.
Parkmöglichkeit: Großer Parkplatz am Irenkreuz.
Gehzeiten: Rundweg, etwa 2 Std.
Höhenunterschied: 165 m.
Anforderungen: Zumeist bequeme Wege, nur kurzer Anstieg zum Kamm am Käuling. Rückweg leicht bergab.
Einkehrmöglichkeiten: Im Wanderheim des Rhönklub-Zweigvereins Bad Neustadt (Montag Ruhetag, im November geschlossen).
Sehenswertes: Wanderweg verläuft überwiegend im Wald. Gute Fernsicht von der Terrasse des Neustädter Hauses. Am Rückweg schöne Waldwiesen mit Rhönflora und den bekannten Rhöner »Hutebuchen«, die dem Weidevieh bei Unwetter Schutz boten.

Wir beginnen unsere Wanderung am Parkplatz **Irenkreuz**, an der Straße von Bischofsheim nach Bad Kissingen gelegen. Vom Parkplatz aus überqueren wir die Straße und wählen nach einigen Schritten den rechten Fahrweg, in dessen Nähe ein Waldsportpfad beginnt (auf diesem verläuft im Winter eine Ski-Loipe), dessen Markierung stellenweise auch im Sommer zu finden ist. Nach etwa 20 Minuten Gehzeit senkt sich der Weg und verläuft, weiter abwärts führend, leicht nach rechts. Etwa 20 Minuten später stoßen wir auf einen Querweg, dem wir entlang einer Telefonleitung bergwärts folgen. Nach weiteren 20 Minuten erreichen wir den Kamm mit den Bergwiesen und finden dort das **Neustädter Haus**, eine bewirtschaftete Berghütte des Rhönklubs. Von seiner Terrasse hat man eine gute Fernsicht in das fränkische Land. Zum Kamm zurückgekehrt, finden wir unseren **Rückweg**. Mit einem *roten Keil* als Wegmarkierung des Rhönklubs wandern wir nach rechts in östliche

Das Irenkreuz bei Bischofsheim.

Richtung, entlang des Versorgungsweges des Neustädter Hauses. Wenn auch der markierte Pfad ab und zu die Fahrstraße für einige Meter verläßt, so kehren wir doch immer wieder zu ihr zurück. Auf gleichbleibender Höhe werden wir an typischen Bergwiesen mit Hecken und den bekannten Hutebuchen vorbeigeführt, bis uns der Wald wieder aufnimmt. Etwa auf halbem Weg zum Parkplatz verläßt uns am *Wegweiser* des Rhönklubs das rote Wegezeichen nach rechts über die Fahrstraße in den dortigen Wald. Unser Weg aber senkt sich allmählich, weiter geradeausführend, und wir erreichen bald die asphaltierte Fahrstraße, an der jenseits am Parkplatz das **Irenkreuz** zu erkennen ist, das schon seit mehreren hundert Jahren an dieser Stelle steht.

47 Von Speicherz zum Volkersberg

Wanderung auf dem Bettelpfad der Mönche

Speicherz – Volkersberg, 552 m – Speicherz

Talort: Speicherz, 360 m; Ortsteil der Gemeinde Motten. Landwirtschaftlich geprägter Ort im Tal der kleinen Sinn.

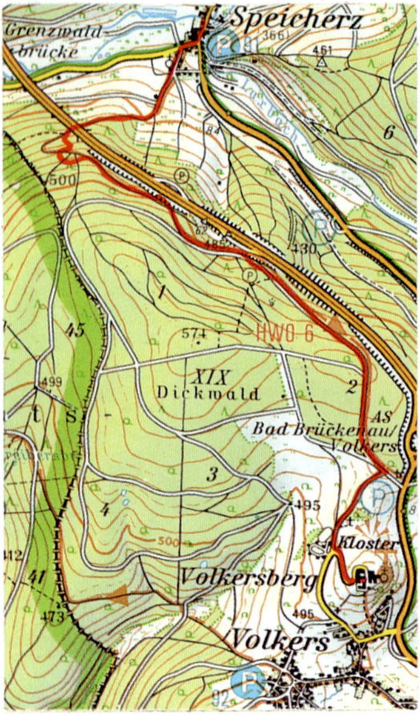

Gasthaus »Zum Biber«, Speiselokal und Übernachtung, Herstellung von Hagebuttenwein. Westlich des Dorfes größte Brücke der Rhönautobahn A 7 mit 1 km Länge, 98 m Höhe. Neugotische Kirche von 1926. An der B 27 gelegen.

Ausgangspunkt: In der Dorfmitte ist die Wegmarkierung zu finden. Beginn der Wanderung beim Ghf. »Zum Biber«.

Parkmöglichkeit: Im Dorf ausreichend vorhanden.

Gehzeiten: Anstieg zum Kloster 1½ Std., Rückweg 1¼ Std.; Gesamtgehzeit 2¾ Std.

Höhenunterschied: 187 m.

Anforderungen: Der Weg verläuft bis zur Autobahnbrücke auf Landwirtschaftswegen, im Wald auf ausgebautem Forstweg. Stetiger Anstieg über etwa 4 km. Letztes Wegstück ab Zeltplatz auf Asphaltstraße. Gleicher Rückweg.

Einkehrmöglichkeiten: In der Klosterschänke.

Sehenswertes: Ehemaliges Franziskanerkloster, erbaut von 1661 bis 1664. Als Abschluß eines Stationsweges vor der Kirche eine steinerne Kreuzigungsgruppe. Im Innern des Klosters eine sehenswerte Zisternenanlage. Ausblick auf die Berge um Bad Brückenau.

Wir beginnen unsere Wanderung im Dorf **Speicherz**. In der Ortsmitte finden wir die Markierung des Rhönklub-Hauptwanderweges West-Ost Nr. 6 (HWO 6), einen *roten Keil*, dessen Spitze in unsere Wanderrichtung zeigt. Mit ihr gehen wir zunächst südwärts über die Brücke der Kleinen Sinn und biegen danach rechts in die Straße nach Oberzell ein. Der Markierung folgend, biegen wir gleich wieder, nach links gehend, in die Schulstraße ein. An der Kirche vorbei, erreichen wir den Ortsrand. In den Feldern knickt der Weg am Feldkreuz nach rechts ab und führt uns zur Autobahnbrücke, die wir am linken Widerlager unterqueren. Dort beginnt der Wald. Nach wenigen Minuten wendet sich der Weg in einer Kehre südostwärts und führt rechts

Der Volkersberg bei Bad Brückenau.

neben der Autobahn langsam aufwärts. Wir wandern nun auf einem Forstweg weiter. Dort, wo nach etwa 1 km die rote Wegemarkierung mit einer Stromleitung nach rechts abbiegt, gehen wir *ohne Wegezeichen* geradeaus weiter, stets in der Nähe der Autobahn. Nach etwa 20 Minuten Weges, stetig leicht bergan, kommen wir auf den Kamm des Höhenzuges und aus dem Wald. Dort treffen wir am Querweg wieder auf den *roten Keil* unserer Wegezeichnung, den wir an der Stromleitung verließen. Mit ihm gehen wir nun etwa 200 Meter nach links weiter und verlassen ihn an dem Weg wieder, der nach rechts abbiegt und zum nahen **Volkersberg** führt, den wir in der Nähe eines Zeltplatzes erreichen. Auf dem Berg sind in einem ehemaligen Kloster, dessen Grundstein 1661 gelegt wurde, seit dem Jahre 1955 ein Jugendhaus und eine Volkshochschule untergebracht. Auf einer Teerstraße, dem Zufahrtsweg zur Jugendstätte, wandern wir aufwärts. Der Aufstieg wird mit einer herrlichen Rundsicht belohnt, und in der **Klosterschänke** machen wir eine wohlverdiente Rast.
Als **Rückweg** benutzen wir denselben Wanderweg in entgegengesetzter Richtung. Vom Dorf Volkers aus besteht auch die Möglichkeit, mit einem Linienbus zurückzufahren, dessen Abfahrzeit wir am besten vor Beginn der Wanderung in Speicherz erfragen.

48 Auf dem Ulrich-von-Hutten-Pfad von Bad Brückenau nach Schloß Ramholz

Wanderung auf den Spuren des bekannten Humanisten

Bad Brückenau – Volkers – Oberzell – Schloß Ramholz

Talort: Stadt Bad Brückenau, 320 m; bis zur Gebietsreform Kreisstadt, an der Großen Sinn gelegen. Heilbad gegen Stoffwechselkrankheiten, Rheuma, Kreislaufbeschwerden. Seit 1300 Stadtrechte und seit 1349 Amtssitz der Freien Reichsabtei Fulda. Gepflegte Kleinstadt mit Parkanlagen, Handel und Industrie.
Ausgangspunkt: Hinweistafel am Musikhaus Knüttel, Ludwig-/Ecke Kapellenstraße im Zentrum der Stadt.
Parkmöglichkeit: Im Stadtzentrum ausreichend vorhanden.
Gehzeiten: Einfache Wegstrecke 5 Std.
Höhenunterschied: 190 m.
Anforderungen: Ausgedehnte Tagestour für ausdauernde, geübte Wanderer.
Einkehrmöglichkeiten: Café Hohmann in Volkers, Gasthäuser in Oberzell, Schloßcafé Ramholz (Montag Ruhetag).
Sehenswertes: Auf der Wanderstrecke schöne Ausblicke, Blick zur Burgruine Schwarzenfels. Auf der Steckelburg wurde am 21.4.1488 Ulrich von Hutten geboren. In Ramholz schönes Schloß mit Parkanlage.
Anmerkung: Für diese Wanderung hält der Rhönklub einen Wanderpaß und eine Wandernadel bereit. Hierzu vorherige Kontaktaufnahme mit der Geschäftsstelle des Rhönklubs e.V., Peterstor 7, 36037 Fulda (Tel. 0661-73488), nötig.

Auf diesem Wanderweg kann jedermann eine Wandernadel »erwandern«, die der Rhönklub zusammen mit einem Wanderpaß geschaffen hat.
Der Huttenpfad beginnt in der Stadt **Brückenau** und ist mit einem *gelben Keil* markiert, den wir in der Ludwigstraße, Ecke Kapellenstraße mit einer Hinweistafel finden. Die Spitze dieses Keils zeigt stets in unsere Wanderrichtung. Zunächst geht es auf Kopfsteinpflaster zum alten Friedhof und an dessen Mauer entlang steil zur Höhe. Nach den letzten Häusern zeigt unsere

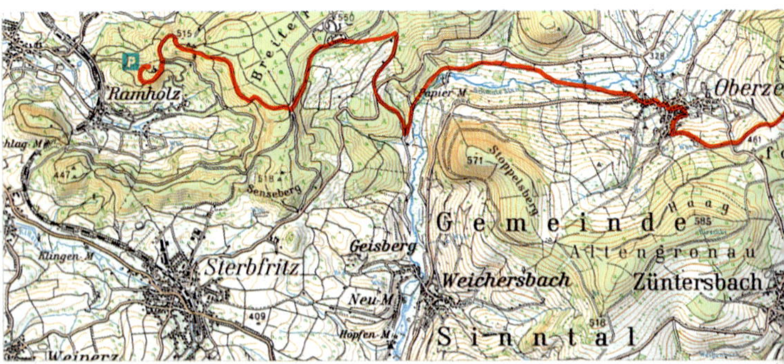

Bad Brückenau.

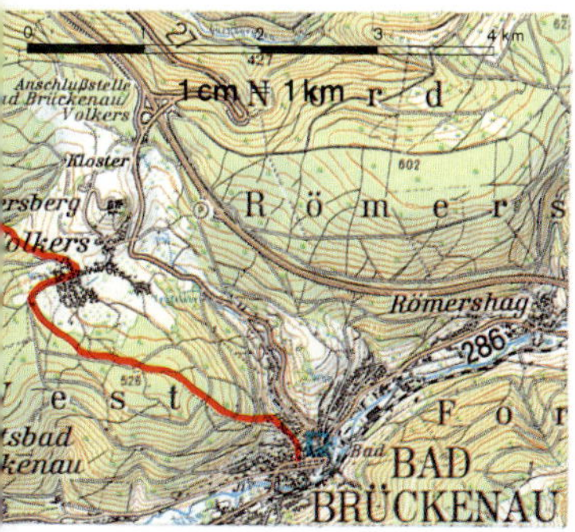

Markierung nach links. Der Aufstieg kostet einige Mühe, bis wir auf der Höhe einen Forstweg finden, den wir etwa beim Sportplatz von Volkers nach rechts verlassen. Nur die Neuländer Straße dient uns als Wanderweg. Das Dorf Volkers bleibt rechts liegen, und am Sägewerk beginnt ein kurzer Abstieg in das Schluppbachtal. Am jenseitigen Hang geht es wieder aufwärts durch lockeren Eichenwald zur bayerisch-hessischen Landesgrenze mit schö-

Historische Grenzsteine am Ulrich-von-Hutten-Pfad.

nen historischen *Grenzsteinen.* Entlang der Grenze wandern wir nach rechts und verlassen sie bald nordwärts. Wenig später treffen wir rechts des Weges den Rastplatz **Schreibers Brunnen**. Eine Quelle und eine Schutzhütte stehen zu unserer Verfügung. Nur eine kurze Wegstrecke geht es noch durch Wald, dann kommen wir in offene Landschaft. Der Weg führt zum Dorf **Oberzell** im Tal der Kleinen Sinn, das wir durchwandern. An der Kirche vorbei, führt unser Wanderweg zur Straße nach Weichersbach, an der rechts ein Sägewerk steht. An dessen Holzplatz finden wir unsere Markierung wieder, die uns im Tal westwärts der Kleinen Sinn zuerst nach rechts, dann nach links führt. Am **Forsthaus Weichersbach** verlassen wir das Sinntal und wenden uns nach rechts gegen die Höhe. Wir überqueren eine Fahrstraße und gehen an Viehweiden vorbei zum Schulwald, wo wir nochmals bei einer Hütte rasten können. Ab der Hütte weist der Weg nach links, vorerst noch durch Wiesen, bevor uns bis zum Ende der Wanderung der Wald aufnimmt. Bis zum Kamm ist die Wegführung eher dürftig. Aber am Basaltwerk treffen wir auf einen gut ausgebauten Forstweg, der uns über den Landrücken, die breite First, zum Punkt »Altenburg« bringt. Der Überlieferung nach soll hier die erste Burg der Familie Hutten gestanden haben. Mauerreste findet man jedoch keine. Von hier aus geht mit dem Wegzeichen ein Pfad steil abwärts zu einem Sattel, an dem wir, nach steilem Aufstieg, die Ruine der **Steckelburg** erklimmen können. Hier wurde im Jahre 1488 der Humanist Ulrich von Hutten geboren. Eine gute Aussicht zum Spessart, zum Vogelsberg und zur Stadt Schlüchtern belohnt all unsere Mühen. Wir gehen wieder zurück zum Sattel, ab dem wir, nunmehr ohne unser Wanderzeichen, nach rechts zum **Schloß Ramholz** talwärts laufen. Wie ein Märchenschloß liegt es inmitten eines schönen Parks. Im Schloßcafé finden wir gemütliche Einkehr.

Schloß Ramholz, das Ziel des Ulrich-von-Hutten-Pfades.

49 Vom Berghaus Rhön zur Kissinger Hütte

Wanderung in den »Schwarzen Bergen«

Berghaus Rhön – Würzburger Haus – Kissinger Hütte

Talort: Riedenberg, 385 m; altes Dorf am Oberlauf der Großen Sinn mit Kinderdorf »St. Josef«. Bis 1802 verlief die Grenze der Kirchenstaaten Fulda und Würzburg mitten durch das Dorf. Landwirtschaft, Handwerk, Fremdenverkehr.

Ausgangspunkt: Berghaus Rhön am Farnsberg, etwa 4 km südostwärts von Riedenberg gelegen. Von der Ortsumgehungsstraße Abzweig mit Hinweisschild »Feriengebiet am Farnsberg«.

Parkmöglichkeit: Parkplatz des Naturparks Bayerische Rhön am Berghaus Rhön.

Gehzeiten: Berghaus Rhön – Würzburger Haus ½ Std., Würzburger Haus – Kissinger Hütte 1½ Std.; Gesamtgehzeit mit Rückweg 4 Std.

Höhenunterschied: 154 m.

Anforderungen: Für geübte Wanderer. Auf dem Hinweg zwei kurze, kräftige Anstiege, ab Basaltwerk langgezogener Anstieg.

Einkehrmöglichkeiten: In beiden Wanderhütten des Rhönklubs (Kissinger Hütte hat Montag Ruhetag) und im Berghaus Rhön.

Sehenswertes: Einblick in die Bergwelt des Truppenübungsplatzes Wildflecken. Herrliche Aussicht von Farnsberg und Kissinger Hütte zu allen bekannten Rhönbergen. Im Sommer beachtliche Rhönflora.

Unser Wanderweg beginnt am **Berghaus Rhön**, der früheren Kantine des ehemaligen Steinbruchs am »Tintenfaß«. Ein Hinweisschild des Naturparks Bayerische Rhön führt uns, sanft ansteigend, zur Höhe oberhalb des Bergsees »Tintenfaß«, dessen Kraterwände und tiefblaue Färbung an ein riesiges Tintenfaß erinnern. In rechtem Winkel nach rechts, den See hinter

Auf dem Weg zur Kissinger Hütte.

uns lassend, wandern wir auf einem Wiesenpfad zur Höhe, und mit jedem Schritt genießen wir eine bessere Aussicht. Auf der Höhe gehen wir auf dem Kammweg durch den Wald, der uns auf eine Wacholdertrift bringt. Zunächst führt uns der Weg abwärts zu einem Parkplatz, anschließend durch ein kleines Waldstück zum **Würzburger Haus** (Rhönklub-Berghütte). Von hier aus wandern wir mit dem *roten offenen Ei* (Rhön-Höhenweg) nach rechts den Hang hinauf zum Kamm des Totnansberges. Diese Markierung begleitet uns jetzt bis zur Kissinger Hütte. Unser Weg zieht sich nach links nordostwärts durch den Wald. Nach etwa 2 km mündet er in einen Querweg, auf dem wir uns nach links wenden. Dieser Holzabfuhrweg bringt uns, erst eben, später abfallend, zum Park- und Rastplatz **Eisernes Kreuz** am Hahnen-Knäuschen. Wir überqueren eine Paßstraße und gehen links des Steinbruchs auf dem Zufahrtsweg des Schotterwerkes durch eine Unterführung am Werk vorbei. Wo sich die Straße nach rechts wendet, gehen wir geradeaus weiter. Gleich zieht sich unser Wanderweg auch nach rechts und steigt stetig durch Wald an. Ab dem Hahnen-Knäuschen geht es gemeinsam mit dem *roten Keil* des ebenfalls vom Würzburger Haus kommenden Julius-Kardinal-Döpfner-Weges, zuletzt über die Wiesenflächen des 832 m hohen Feuerberges, zur Kissinger Hütte (Rhönklub-Haus).
Nach einer Rast kehren wir auf demselben Weg zum Parkplatz **Eisernes Kreuz** zurück. Vom Spielplatz aus laufen wir auf dem *Julius-Kardinal-Döpfner-Weg* entlang des Totnansberges zum **Würzburger Haus** zurück. Mit seiner stumpfen Seite weist uns die schon bekannte Wegmarkierung wieder über den Hang des Farnsberges hinunter zum **Berghaus Rhön**, dem Ausgangspunkt unserer Hüttenwanderung.

50 Vom Würzburger Haus zur Platzer Kuppe

Wanderung mit weitem Blick ins Frankenland

Würzburger Haus – Platzer Kuppe – Lerchenhügel – Würzburger Haus

Talort: Schildeck, 480 m; Ortsteil der Marktgemeinde Geroda, kleines Dorf am Fuß der Burgruine Schildeck, ehemalige fuldische Amtsburg. Landwirtschaft und Stahlhandel. Anfahrt über die B 286 oder Autobahn A 7, Abfahrt Brückenau – Wildflecken.
Ausgangspunkt: Von Schildeck aus über die Fahrstraße zum Erholungsgebiet am Farnsberg. Nach etwa 2 km nach rechts abbiegen zum Würzburger Haus und nach weiteren 1,5 km nochmals nach links bergwärts zum Parkplatz auf der Kammhöhe.
Parkmöglichkeit: Auf der Kammhöhe am Ausgangspunkt.
Gehzeit: Rundwanderung, etwa 2 Std.
Höhenunterschied: 125 m.
Anforderungen: Zunächst etwas abfallende, später kurz ansteigende Fahrwege zum Wald, zuletzt auf markiertem Wanderpfad, kurzer Abstieg.
Einkehrmöglichkeiten: Karl-Straub-Haus des Rhönklub-Zweigvereins Würzburg e.V. (Mittwoch Ruhetag).
Sehenswertes: Platzer Kuppe mit guter Rundsicht ins fränkische Land und zum Spessart. Seltene Bergflora (Silberdisteln, Türkenbundlilien, Nelkenarten).

Der Parkplatz des Naturparks Bayerische Rhön am **Würzburger Haus**, im Sattel zwischen Farnsberg und Totnansberg gelegen, ist der Ausgangspunkt unserer Wanderung. Die Markierung des Rhönklubs, ein *gelber Winkel*, und Wegweiser führen uns vom Parkplatz zunächst in südliche Richtung zur Platzer Kuppe. Bald wendet sich der Wanderweg südostwärts und verläuft in geringer Hanglage über Wiesenmatten, die bei klarem Wetter weite Aussicht ins fränkische Land bieten. Durch kleine Waldecken hindurch, treffen wir auf einen Fahrweg, auf dem uns der *gelbe Winkel* schnell zum Fuß der Platzer Kuppe bringt, die schon mit schütterem Baumbewuchs vor uns liegt. Auf einem Querweg, der südwärts um die Kuppe verläuft, erreichen wir den Berg. Ein alter Steinbruch läßt uns erkennen, daß er überwiegend aus Muschelkalk besteht. Weil dieser Berg unter Naturschutz steht, müssen wir auf den Wegen bleiben. Dafür erwartet uns nach dem Ersteigen des 736 m hohen **Gipfels** eine herrliche Rundsicht. Zurück am Fuße des Berges, wenden wir

Wanderer auf den Matten der Rhön.

uns auf dem Querweg gen Norden zur Höhe und zum Wald des Lerchenhügels. Ein *gelber offener Keil* zeigt uns den Weg. Nach etwa 25 Minuten teilt sich der Weg und inmitten dieser Gabelung führt der markierte Weg als Pfad weiter. Hier verlassen wir jedoch die gelbe Markierung und benutzen den linken Weg, der als Forststraße am 826 m hohen Erlenberg vorbeiführt. Nach einer halben Stunde Wanderzeit steht links der Straße eine Waldhütte, und bald danach entdecken wir, ebenfalls links, die Markierung des Rhön-Höhenweges, der vom Würzburger Haus kommend zur Kissinger Hütte verläuft. Entgegen dieser angezeigten Richtung folgen wir dem *roten offenen Ei*. Das letzte Wegstück verläuft als Wanderpfad auf dem Kamm des Totnansberges und führt den Hang hinab zum etwa 200 Meter vom Ausgangspunkt entfernt liegenden **Würzburger Haus**.

Stichwortverzeichnis

Die Zahlen hinter den Begriffen geben die Seitenzahlen an.